完全版

社会人大学人見知り学部 卒業見込

若林正恭

角川文庫
19501

目次

まえがき

このコラムがダ・ヴィンチで始まったのが二〇一〇年の八月。連載は「社会人二年生」というタイトルでスタートした。

二〇〇八年の「M-1グランプリ」で二位になってからテレビの仕事が増え始めた。ぼくはその頃から初めて社会というものに自分が参加しているという感覚を味わった。一般的には高校や大学を出て働き始めてぐらいからを社会に参加しているというのだろう。しかし、ぼくがそういった感覚を味わい始めたのは三十歳になってからであった。

特定の企業に雇用されて働くということをせずに、若手芸人の下積み期間と呼ばれる長い長いモラトリアムを過ごしたぼくは、随分世間離れした人間になっていた。そんなぼくだから社会という場所で起こる様々な出来事に日々驚きの連続であった。コラムにはそんな驚きや経験を書くことになるだろうなと思って、「社会人二年生」というタイトルにした。

連載が始まった時はすでに二年生になっていたから、一年生の時期のことをあまり書いていない。

今回書籍化ということで、社会人ピッカピカの一年生（当時三十歳）の頃のことを少し書いてみようと思う。

社会人一年生
GENERAL WRITING

社会人一年生であった二〇〇九年の頃を思い出そうとしてみると、まず忙しかったな、という記憶。

二〇〇九年と二〇一〇年はテレビの出演本数ランキングで一位だったらしい。この順位に関しては改めて考えてみたことがない。誰かからこのランキングについて褒められた記憶もない。何本出たかではなくて、何本記憶に残ったかであることに、みんな気付いているからであろう。でも今のぼくらがあるのは、その時仕事を与えてくれたみなさんのおかげだから多大なる感謝の気持ちがある。

次に思い出されるのはやっぱり楽しかった仕事と収録で腹を抱えて笑ったこと。憧れの芸人の先輩が目の前にいて、自分と話してくれている。ご飯に連れて行っていただいたなんてこともあった。自分たちはすぐ消えると思っていたから、会えるうちにサインと写真を撮っていただこうなんて、たけしさんやダウンタウンさんの楽屋の前でモジモジしていたなんてこともあった。

結局は「写真を撮ってください」なんて言い出せず終《じま》いだったが、それで良かったような気がする。これから共演するタレントがサインと写真を求めるのってなんか違う気がする。

収録では、テレビで見ていた憧れの先輩たちに会える。

一緒に仕事ができる。

大掛かりなセットでゲームができたり、ローションとか爆破とかテレビでないと経験できない仕事ができる。こんな幸せなことはない。嬉しい。でも、実力以上の仕事が舞い込んできて期待されるような働きができていないと感じる。焦る。

そんな気持ちを行ったり来たりするような日々だった。

「今が旬の……」とか「飛ぶ鳥を落とす勢いの……」なんて紹介の仕方をよくされていた。それまでテレビで見ることしかなかった有名人が真横にいる。夢のような日々だっただけに、今思い出そうとしてもあまりハッキリと思い出せない。

イベントで一万人の人が集まって、「若様」と書かれたウチワを持っているお客さんがいたりした。相方のコスプレをした女子高生がライブを見にきていた。一日に十件の仕事なんてこともあった。渋谷にいるオードリーを探せという番組の企画でハチ公前のスクランブル交差点に人が集まりすぎて大騒ぎになってしまい映像がお蔵入りになった。相方が街でロケしていると大騒ぎになるので移動の時に白い布で隠されながら歩いていた。

今では考えられない。

一日に平均四、五本の収録があった帰りに、ネタ番組のネタ作りが必ずあった。深夜、永福町《えいふくちょう》のマクドナルドやファミレスで相方と世間話など一切せずに坊さんが写経するように無表情でネタを書いていた。

よく覚えているのが相方の家のロケが三ヶ月ぐらい毎日のようにあったこと。みなさんも何回この家見せるんだよ。なんて思ったことがあるかもしれない。ぼくも、飴ジュースの話とコインシャワーまでシャンプーしながら歩く話は何百回もしていて、テレビってこんなに何回も同じ話をしていいものなのかな？　と疑問だった。

それと、ぼくにとって相方の生活の仕方はそんなにおかしいものでもなかった。なにせ収入が同じなんだから、そういう生活になるよなってだけで。相方は赤ちゃんのおしりふきで体を拭《ふ》いていて、ぼくはタオルで拭いていた。相方はコインシャワーまでシャンプーしながら歩いて、ぼくはコインシャワーの洗面台で髪を泡立ててからシャワー室に入るぐらいの差であった。

周りの芸人たちも「芸人ならみんな経験していることだよね」と語っていた。だけど、度重なる相方の家のロケで、風呂なしの家に住んで体を拭いている生活がテレビで扱われるほどには（社会では）珍しい部類に入るってことを知った。

あと、困っていたのがテレビの収録で毎回自己紹介がてらの短めのネタの披露があること。外のロケでもまず一分ほどのネタをやってから。高速道路のサービスエリアの車止めの上に立ってやったり、雨の日に傘をさしながらやったりってこともあった。一日に何本もあるのでもう二週間ぐらいでやったことのないネタはなくなった。

こんなに毎日何回もネタをやっていたら一瞬で飽きられて漫才がウケなくなってしまうんじゃないかと怖かった。それでも、収録はどんどんやってくるのでどうしたもんかと悩んでいた。

するとある先輩が「一本だけでいいんだよ」という大胆な助言をくれた。「え、毎回同じネタでもいいんですか?」って聞くと「そうだよ。自己紹介なんだからそれでいいんだよ。編集する時にスタッフがあれ? このネタ何回も見たなって思ったら編集で切るからそれでいいんだよ」と。

そうしてぼくたちは風邪を題材にしたネタしかしなくなった。

それから収録前に新ネタのネタ合わせをすることがなくなり、番組の本編の用意に時間を充てることができた。程なくして最初に自己紹介がてらのネタをやってくださいというリクエストはなくなっていった。

今でもその先輩にはとても感謝している。

仕事はありがたいことにどんどん入ってきて二月頃には仕事が終わるのは毎日深夜になっていた。銭湯は夜中の十二時までなのでお風呂に入ることができない日々が続いて引っ越すことになった。不動産屋に部屋を出る旨を伝えにいくと「少々お待ちください」と言われた。するとコーヒーを出され「次のお住まいはお決まりでしょうか？」と尋ねられた。

これにはビックリした。なぜ驚いたかというと、風呂なしのアパートを借りた時はコーヒーなんぞというありがたいものは出ず、内見の時も鍵を渡され「どうぞご覧になってきてください」と言われていた。そして、あとになって不動産屋の子に聞いたことだけど、当時ぼくは赤いシャツ一枚しか外着を持っていなくて、不動産屋に毎回同じシャツでくるので「赤シャツ」というあだ名がついていたらしい。

それがコーヒーを出してもらえて色々なアパートの資料も持ってきてくれる。おまけにマンションを買える金を持ってるとでも思っていたのか、マンションの購入の勧めまでしてきやがった。口調もなんともやわらかかった。

ぼくにとって社会とは風呂なしの部屋を探している時にはコーヒーは出てこないが、風呂ありの部屋を探している時はコーヒーが出てくる。そういう場所としてインプットされた。

一日で全ての引っ越しを完了してくれという事務所との約束のもと、同じ事務所のどきどきキャンプの佐藤満春《さとうみつはる》と引っ越し作業をした。新しい部屋は月七万円の所にした。「稼いでるんだからもっと高い所に引っ越せるだろ」とたくさん言われたけど、すぐにテレビの仕事もなくなるだろうと予測していたのでそのアパートに決めた。

引っ越してからは家で毎日お風呂に入れるのが嬉しくて嬉しくてしょうがなかった。それまで歩いて五分の銭湯か原付で十分ほどのコインシャワーまで行っていたので三歩ほどで風呂まで辿《たど》り着けるということに感動を覚えていた。引っ越し初日にユニットバスにお湯を張って初めて浸かった時にガッツポーズをした。「勝ちとった。漫才で湯船を勝ち取った」本当にそう思ってとても嬉しかった。

そして、エアコン。今まではエアコンがなかった。だが、今度の部屋は温度を自分の希望通りの温度にできる。気温を自由に変えることができる神の特権を手にしたような気分だった。

ぼくにとって社会とは月十五万円以上稼ぐと毎日自宅の風呂にはいれて部屋の温度を自由に決める権利を与えてくれる場所だ。

ある日「CMが決まった」という報告を受けた。

今でこそもしもＣＭが決まったという報告を受けたら「嘘でしょ！」と一大事に感じるだろうが当時は違った。

なぜ、自分たちのような人間がテレビに出られるのか？　なぜ、私生活に興味を持たれるのか？　全くわけがわからないまま仕事をしていたので、自分たちがなぜＣＭに出られるのか全くもって理解不能だった。

そして、ＣＭで漫才をやるという。当時のぼくはこれにはとても動揺した。

ＣＭとなると一日に何回か流れてそれが何ヶ月間かやるということだ。今ではこれがどんだけありがたいことか骨身に染みて理解できる。しかし、その時のぼくは漫才がそれだけ見られてしまったら飽きられてボロ雑巾のようになって全くウケなくなってしまうのではないか？　と恐怖した。

「あのぉ、トータルで何回ぐらい世の中に流れることになるんですかね？」

社員さんに問うと「うーん、ハッキリはわからないけどかなりの回数流れるよ！」

ぼくが喜んでいると捉《とら》えている口調であった。

「漫才じゃなきゃいけないんですよね？」

「ん？　そういう話で進んでるよ」

「……そうですか」

こいつ何が言いたいんだよ。という空気を悟ってぼくはすぐに引き下がった。自分の気持ちを口にしては絶対にいけないような気がした。

ぼくは作家の村上龍《むらかみりゅう》さんが大好きだ。著書の『限りなく透明に近いブルー』の最後に社会の象徴のように巨大な鳥が出てくる。そんな鳥に目の前に立たれて自分の気持ちを押し込めなければ飲み込まれてしまう。そんな瞬間にこの後も何度も立たされることになる。

漫才が使い物にならなくなってしまうだろう。自分のお気に入りのおもちゃを巨大な鳥に取り上げられてしまうような気持ちで収録した。

結論からいうと漫才が使い物にならなくなるなんてことは全くなくて、ぼくらは出演の恩恵を受けすぎなほど受けた。

でも、それは今思えることであって当時の何も知らないぼくは勘違いしていた。社会とは、見過ぎたものでも相応の時間が経てば忘れてくれる場所である。そして、巨大な鳥に勝てないほどの実力や気持ちならまず巨大な鳥のご機嫌を伺《うかが》ってみろ。そんな場所だ。

ようやく仕事が増えて良かったね。八年間耐えた甲斐があったね。なんてムードだったので口が裂けても「休みたい」なんて言える空気じゃなかった。「仕事増えて良かったねー」「でも、今が今後生き残れるかどうかの大事な時期だよ！」と応援してもらっていた。

そんな中少し変わった面白い人たちもいた。とあるアイドルグループでかつて一世を風靡《ふうび》しまくった方と、ひょんな流れで大阪で偶然タクシーに一緒に乗ることになった。ぼくらは緊張して黙っていると「今、全然楽しくないでしょ？」とその人は聞いてきた。「いいえ、そ、そんなことないです」と言うと、「真面目だなー。わたしは全然楽しくなかったなー」と投げ捨てるように言う。それから一番忙しかった頃の話をしてくれて、宿泊先のホテルのロビーに着くと「大人にいいようにされちゃダメだよ。がんばって」と言って自分の部屋に向かうエレベーターに乗り込んで行った。「ぼくらもだいぶ大人なんだけど」と思いつつ、そういうふうに応援してくれる人もいるんだな。と嬉しかった。

今はたくさんテレビのお仕事を頂けてるけど数ヶ月後には飽きられちゃうのかな？なんて怯《おび》えていたけど「アホみたいに出た時期があって良かったと思える時が必ずくるで」と声をかけていただいたり、収録前に「他人事やけど出過ぎちゃうかなぁ？もうちょいセーブできひんの？　心配やわぁ」と声をかけていただいたり。それが、ぼくらの世代だったら生きる伝説のような芸人さんだったのですごく嬉しかったのを覚えている。

それまで、仕事もなく昼間からネタ合わせと称して公園でキャッチボールをするような生活から急に忙しくなったもんだから、体もよく壊した。昔から偏頭痛持ちで、特にこの頃はよく頭痛が出た。知り合いが頭痛の名医を紹介してくれて、行ったら色々検査してくれて頭痛の原因を突き止めてくれた。よく効く薬を処方してくれて、頭痛は改善していった。それでも、その薬は結構高額でぼくは病院の明細を見ながら「お金を持っていると頭痛が治せるんだなぁ」と思い、「逆に言えば、お金を持っていなかったら経済から？　国から？　まあ、なんでもいいけどとにかく頭痛を治す権利を与えられないんだなぁ」としみじみ感じた。

お金を持っていると高いレベルの医療を受けられるという元も子もない情報がえらく新鮮にぼくの中に定着した。

当時「どろだんご日記」というタイトルでブログを書いていた。

二〇〇二年ぐらいから書いていただろうか。何年も大体毎日五十人ぐらいの閲覧者数で勝手気儘《きまま》に書いていた。結果が出ない時期に「頑張ってはいるんですよ」という言い訳のような側面で書いていた部分があるにはあった（それだけではないけど）。

ある日、新宿《しんじゅく》のロフトプラスワンという所でライブがあり、ぼくは楽屋で開演を待っていた。すると、仲良くしてもらっていたライターさんが楽屋を訪ねてきた。

「若林さん、中二病って知ってますか？」

「中二病？　なんですかそれ？」

「中学二年生が考えるような自意識過剰なことを大人になっても引きずっている人のことをいうんです」

「へー」

「で、若林さんのブログがネットの世界で中二病だって言われてるんですよ」

「そうなんですか」

「ブログって不特定多数の人が読むものだから気をつけた方がいいですよ」

「どんなところがその中二病なんですかね？」

「やっぱり自意識に関わる文章が多いからじゃないですか？」

こんな会話をした。

確かに当時のブログに書いてあることは社会から見れば自意識過剰の部類に容易に入るだろう。今、もし当時のブログが世に出ることになったら、穴があったら入って地下都市を作って二度と出てこないぐらいには恥ずかしい。その日、家に帰ってブログの閲覧者数を確認してみると六万人という数が記されていてたまげた。

それまでも周りの先輩に「お前のブログは気持ち悪い」と言われていたのだが「お前らしいな」なんて言葉で笑ってもらっていたりもした。ブログを日記のようなものと捉えていて周りの知り合いの芸人さんやライブに来てくれるほんの数人のお客さんに向けて書いているつもりだった。

だが、六万人である。

これは駅前でトラメガを持って自分の内面の心情をがなり立てているようなものである。

試しに「若林」「どろだんご日記」「中二病」というキーワードで検索してみた。すると出てくる出てくる。それを見て昔とは状況が違うことを痛感した。

そして、ぼくには駅前で六万人の人に滞りなく届くような態《てい》のいい言葉だけを選んでまで書きたいことは何もなかった。それまでのぼくらを応援しにライブに来てくれる五十人前後の人に知ってほしいことはその時もまだあったけど。

だが、ブログは日記ではないんだな。街頭演説なんだなと思った。

ぼくはブログをやめることにした。この時、社会では自分の本音が読む人が読めば「中二病」であり「イタい」「めんどくさい」という部類に入ることをようやく知った。

それまであまりテレビを見ていなかったので、どんな種類の番組があるのかあまり知らないまま怒濤《どとう》のテレビ出演は始まった。

実は自分が出演することになってからヘキサゴンファミリーと言われる人たちが人気があることを知った。失礼ながらそんなことがたくさんあった。

テレビのお仕事をしていくうちに感じてたのが、世の中の人は食べ物にすごい興味があるんだなってことだった。あと、他人の暮らし。どんな家に住んでいて、休みの日に何をしているのか？　誰と誰が恋愛関係なのか？

それまでそういった番組をほとんど見ていなかったから、そういう内容の仕事の多さにビックリしていた。バカみたいに悩んでたことがあって、例えば芸能人の豪邸訪問のリポーターの仕事をやる際に高価な壺があるとして、その値段を聞いてビックリしましょうという流れがあるとする。ビックリしなければいけないということでもないのだが、どうやらそういうシーンが撮りたいようだという雰囲気があるじゃないですか。

その時ぼくは「別に壺なんか要らないし、何百万もする壺を持っているからすごいってことでもないだろ」と本気で思っていた。

今もそう思っているとこはあるけど現場にその自分は持っていかない。それに仕事がない時期に自己否定感から逃れるために物質主義や消費社会などの外的価値を批判するような本ばかり読んできたぼくがだ、いきなりそういった価値の宣伝マンのような立場を取らなくてはいけない。

これには悩んだ。

「すごいけど、特に必要でもないですね」なんてコメントをしてみたこともあった。現場の雰囲気は歪《ゆが》むし、やはりカットもされる。それならばと、相方とボケまくってマトモに紹介しないということもやってみた。すると人づてに「撮りたいものが撮れなかった」とディレクターさんが言っていたという話を聞く。だけれども、高級料理や豪邸を手放しで持ち上げると百円ショップや銭湯にいた仲間、それに昔の自分を裏切ったような気持ちになる。

この悩みは結構長いこと続いた。自分のようにそういうことがどうでもいいって人が世の中の大半を占めていると本気で思っていたんです。

数人しか友達がいなくて、みんな同じような感覚だったから、それが社会の大まかな通念だと狭い井戸の中で錯覚してしまっていたんですね。この頃、自分の感覚が社会の通念から離れたところにある。ということをようやく痛感した。

その頃は、写真撮影の仕事も多かった。

ぼくは写真撮影で笑うのがすごく苦手だった。よく覚えている事件がある。女性のお笑いファン向けの雑誌で、来年の干支が寅年《とら》ということで虎のぬいぐるみをかぶってポーズをとってくださいと言われた。

ぼくは嫌だった。

恥ずかしいことだが、白状するとライブの出待ちで女の子のファンと長話しているような奴がぼくは嫌いだった。チャラチャラしやがってと一見トンガってるようなことを言いつつ、今思えば女の子のファンがつかなくて拗《す》ねていただけだ。

だが、そんなスタンスをとってきたつもりの自分が、ある日虎の可愛らしいぬいぐるみをかぶって、手を猫手のようにして笑わなければならないのだ。

ぼくは「嫌です」と断った。「お願いします」と言われる。

向こうも仕事だ（今は本当に申し訳ないことをしたと反省しています）。「じゃあ、こうします」といって虎のかぶり物を畳んだまま頭に載せて無表情で写真を撮った。

今でもこの写真は若林の黒歴史ということで、事務所で大切に保管されている。

「よくやった！」と褒めてくれると思ってた芸人仲間でさえ「とんがってるな〜‼」

とその写真を見てゲラゲラ笑っていた。

ラジオでその話をしたら「もういい大人だろ!」「ちゃんと仕事しろ!」という叱《しっ》責《せき》メールが多数届いた。その頃のぼくは虎のぬいぐるみをかぶらないことこそお笑い芸人の仕事だと本気で思っていた。

ぼくは自分の価値観や感覚を急速に変えなければいけない。と感じ始めていた。「だが、しかし」という気持ちを残したまま。

そんな頃、ダ・ヴィンチさんからコラムを書かないかというお話を頂いた。

社会に参加し始めて二年目を迎えていた。

社会人二年生

趣味

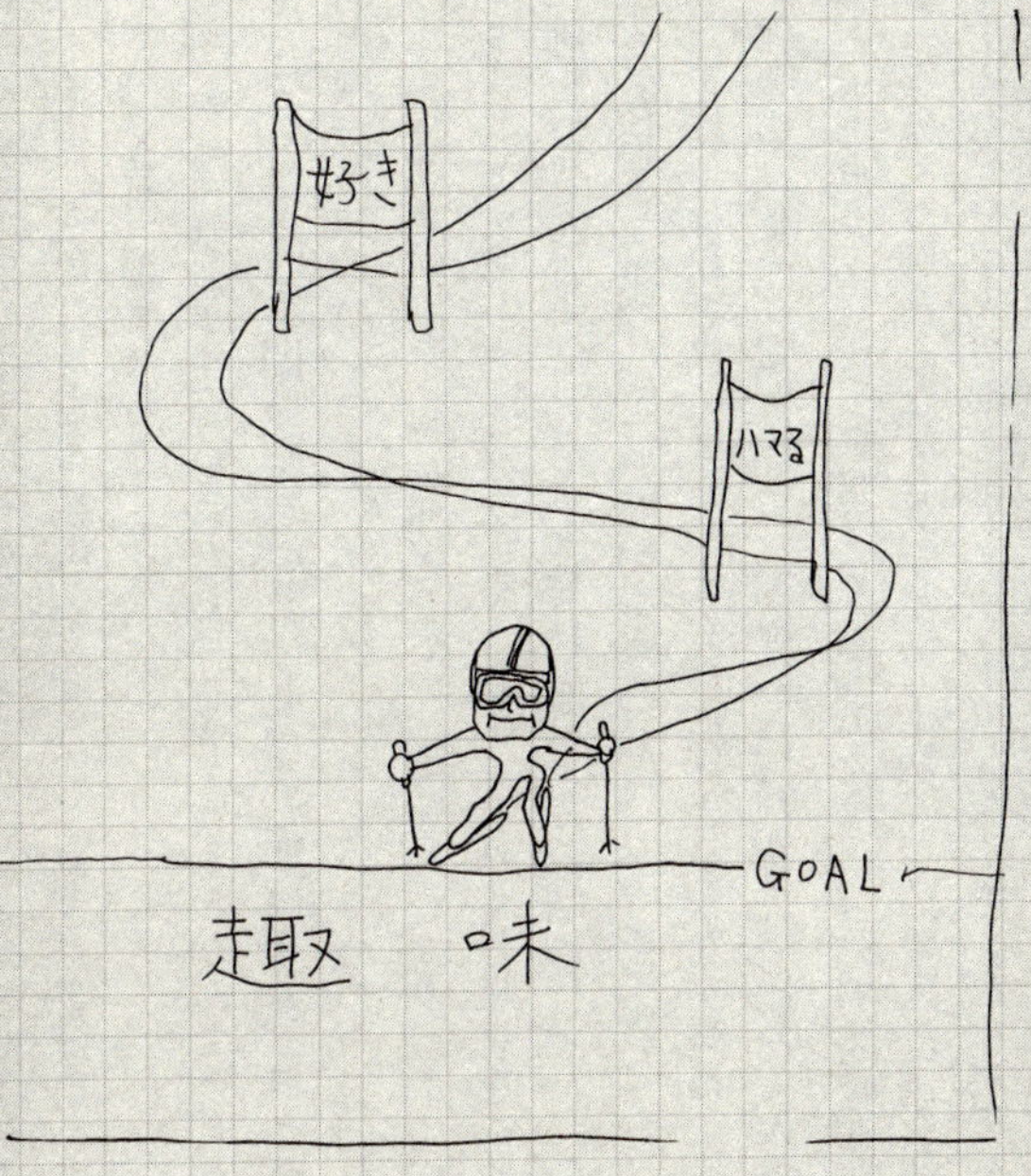

よく番組の打ち合わせや雑誌の取材などで「趣味はありますか?」と聞かれることがある。ぼくは無趣味なので、その度に返答に困り、間を取り過ぎた挙げ句「……散歩ですかねぇ」と答え空気を若干歪ませるのである。

酒の席などで趣味を聞かれ、無趣味発言をすると、「なんで? なんで? なにかハマってるものとかあるでしょ?」と問い詰められぼくはまた閉口する。打ち合わせのスタッフさんや、酒の席での知人の「つまんない奴……」という心の声を聞いた気がしたぼくは、「よし! 趣味を持とう!」と決心した。趣味にハマり、その中で起こった面白エピソードをテレビで喋《しゃべ》っちゃうんだもんねー、とぼくは鼻息を荒くした。

まずは、休みの日に画材屋さんでキャンバスと絵具を買って公園に行った。公園の風景画を描き始めて十分が過ぎた頃、「これ時給もらわねぇとやってらんねぇなぁ……」と呟《つぶや》き、帰宅した。ぼくは絵を描くことがそんなに好きじゃなかった。どうやら、手間のかからない趣味が良さそうだと思い、大量に入浴剤を買い込み、入浴剤集めの趣味を狙った。風呂なら毎日入るし、時間もかからないし、これはお手軽に憧れの趣味を手にできる! とぼくは興奮した。しかし、二十個ぐらいの入浴剤を使って、ぼくは入浴剤の使用を止めた。どの入浴剤も可もなく不可もなく感じた。飛騨《ひだ》と登別《のぼりべつ》の差を追求するほど、ぼくは入浴剤に興味がなかった。

そう、無理矢理趣味は持てないのだ。好き→ハマる→趣味。このラインを描かないと趣味は手にできないのだ。こうして、ぼくは無趣味コンプレックスとなった。

しかし、そんなぼくに一筋の光が射し込んだ。で射し込んだ。おもむろに本棚を眺めていると、『無趣味のすすめ』という背表紙を発見した。ぼくは、「趣味のすすめ」じゃないよな？　と「無」の文字を再度確認した。確かに『無趣味のすすめ』と書いてある。著者は村上龍さんだ！　すぐさま本を手に取りレジに向かった！　ぼくは無趣味コンプレックスから救われるかもしれない。という期待と共にページをめくり特効薬となる文章に出会った。

「趣味が悪いわけではない。だが基本的に趣味は老人のものだ。好きで好きでたまらない何かに没頭する子どもや若者は、いずれ自然にプロを目指すだろう」

これだ‼　そうだ、ぼくは好きなものを仕事にしたから趣味がないんだ！　はい、一件落着！　ん⁇　ちょっと待てよ。と、なると、これからぼくは「趣味は？」と聞かれたら「趣味は仕事ですね。つまり、お笑いですね。えぇ」と答えなきゃいけないのか？　絶対無理！　なんかちょっと尖《とが》ってる感じじゃん！　自分に酔ってる感満載じゃん！　それに「ほう、では、君が無趣味になってまで取り組んでいるそのお笑いとやらを、見せてもらおうじゃないか！　三、二、一、はい！」なんて地獄のフリをされそうじゃないか！　勘弁してくれ！　ぼくは、片手間でお笑いをやってる感じを出して、ハードルを低く設定しておきたいんだ！

かくして、ぼくは振り出しに戻った。散歩以上お笑い未満の趣味を探す旅は続く。

趣味なんかいらねーんだけどな。と心の中で呟きながら。

今度の休日、ぼくはパターゴルフに行く。

岡本太郎

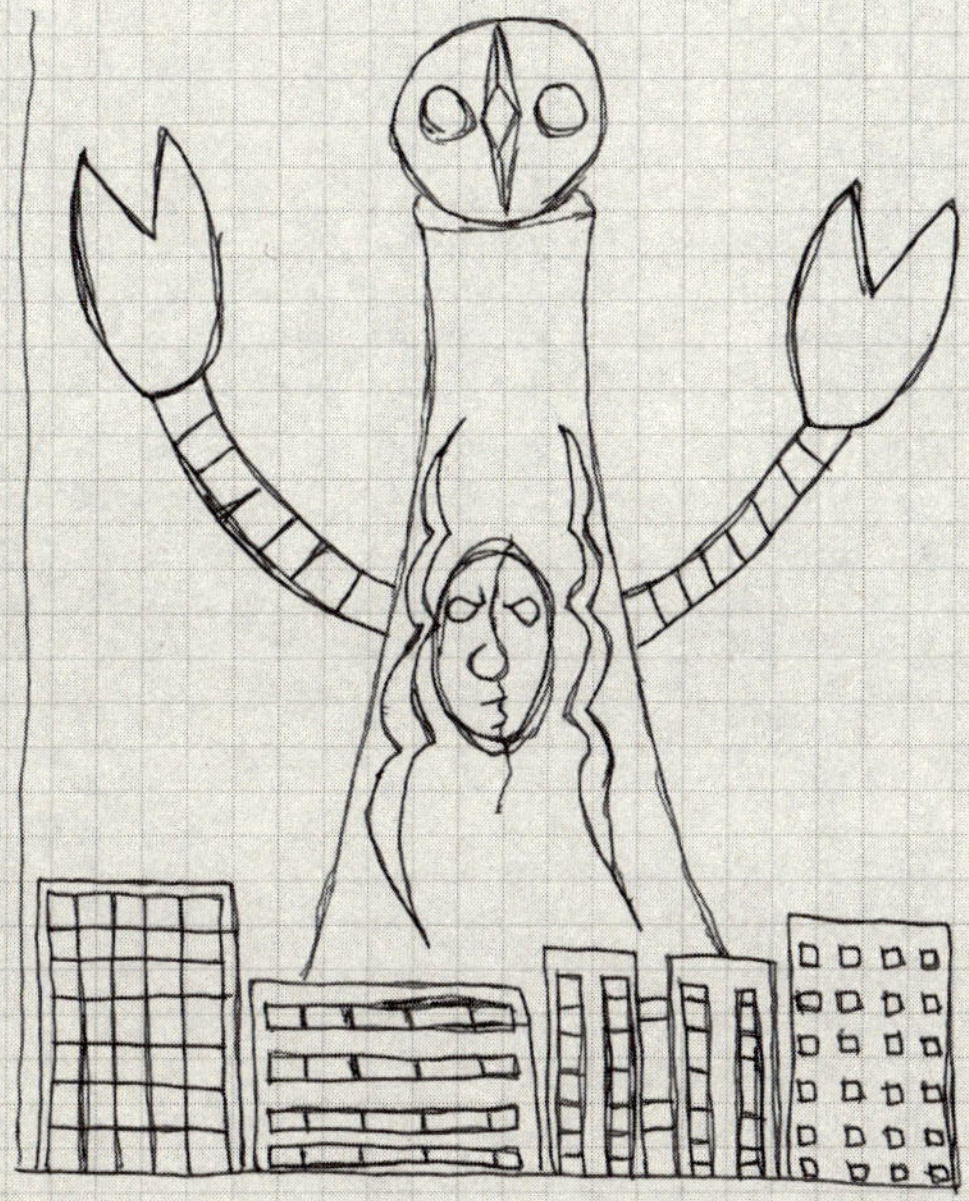

小学生の頃、ぼくは完全なる野球少年だった。しかし、ぼくの出身地の東京・築地《つきじ》には野球が思う存分できる土のグラウンドが一つしかなかった。

小学校五年のある日、突如そのグラウンドで工事が始まり、あっという間にそのグラウンドにはコンクリートが敷き詰められ、ど真ん中に穴の開いたバカでかい鉄球のオブジェが置かれていた。

ぼくと毎日野球に明け暮れていた友達は愕然《がくぜん》とした。

聞けばオブジェとやらは人間が自由に表現するものらしいじゃねぇか。どこの誰だかしらねぇが、自由に表現してこっちの野球をする自由奪ってんじゃねぇよ！　とぼくは頭にきて、木の棒で一通り鉄球に危害を加えた。それからというもの、ぼくはオブジェが嫌いになった。

そんなぼくだが、このあいだ部屋を整理していたら岡本太郎《おかもとたろう》さんの太陽の塔のグッズがいたるところから出てきた。キーホルダー、ミニチュア、写真、クリアファイル、ボールペン……。そう、ぼくは太陽の塔が好きなのだ。好きというよりも人生の指針の象徴ぐらいの感じで捉えている。

今から五年ぐらい前、勘違いと自惚《うぬぼ》れをこじらせまくっていたぼくは、自分で作った漫才に対する意見を何一つ聞き入れたくない自分に悩んでいた。そんな悩みを先輩に相談したら、その先輩はぼくに、岡本太郎さんの美術館や著書を薦めてくれた。

　とりあえず、岡本太郎記念館にいった。

　庭のような所に「坐ることを拒否する椅子」というものがあった。〝拒否する〟と書いてあると逆に座りたくてしょうがなくなって、辺りを見渡し安全を確認するとそっと腰を下ろしてみた（岡本太郎記念館はオブジェに触れても良いことになっている）。

　顔を模したごつごつした表面に座った瞬間、お尻に痛みが走って（当時、詳しく言えば今も、痔持ちだがその痛みではなかった）、ぼくは鼻孔が小爆発したかのような感動を覚えた。

「た、楽しい……なんて楽しいんだ‼」

　〝座ることを拒否する〟と言いながら、逆説的に〝座ってみろ〟と言われているかのような気がしたぼくの脳裏に、岡本太郎のいたずらっ子のような笑顔が一瞬過《よぎ》り心躍った。

　それからというもの、岡本太郎さんの作品や著書にますますハマっていった。

　そして一番魅《ひ》かれたのが、岡本太郎の集大成とも言われている〝太陽の塔〟だ。

大阪万博のテーマが「人類の進歩と調和」で、そのテーマに異を唱えた太郎さんが万博全体に睨《にら》みを利かせるようなモニュメントを作ったと言われている。その逸話が好きだ。

そして、太陽の塔には余白がないという話。あれだけ大きいオブジェを作るとどうしても間延びする部分が出てきてしまうらしいのだが、太郎さんの太陽の塔にはそれがないらしい。つまり、太郎さんのエネルギーが七十メートルのオブジェに十分達しているということなのだ。

漫才でも三分の漫才はできても、三十分の漫才は演者本人のエネルギーが三十分に達してないとどうしても間延びしてしまうだろう。それが四十年以上あそこに立ち続けているという魅力だ。

ぼくは、太陽の塔をこの目で見るのが夢だった。

しかし、ぼくには新幹線で東京—大阪間を往復するお金がなかった。いつか見てみたいなーという気持ちでキーホルダーの太陽の塔を眺めていたものだった。

そんなぼくにチャンスがやってきた。大阪で泊まりの仕事が入ったのだ。夜中の十二時に仕事を終えてホテルの部屋に戻ったぼくはタクシーに飛び乗った。

ホテルのフロントの人に聞いたところ「暗くてよく見えないと思いますよ」という情報はもらっていたが、何やら急な環境の変化と巨大な波の渦中に居た当時のぼくは〝今、見とくべきだな〟と判断した。

タクシーのカーナビに万博記念公園が見えてくると、あの太陽の塔のてっぺんにある金色の顔の部分が生い茂る木々の上からひょっこり顔を出した。

ぼくは興奮した。

だが、夜の万博記念公園というのは門が閉鎖されていて、ある程度のところまでしか行けないのである。依然として金色の顔の部分しか見えない。「別の門に回ってください！」とか「あっちに回ってみてください！」とか運転手さんに指示を出しまくった。

深夜の薄暗い公園付近には、車内で愛のスキンシップを図っているであろう車が多数エンジンをかけたまま停まっていた。と、運転手さんはそういった車を指さし、太陽の塔をなんとか見たいと興奮しているぼくに向かって「あっちの方が見ごたえあるんちゃいますのん？」

そんなことするならホテルでペイチャンネル見るわ!!　という言葉を喉元に押しこみ「確かに！」を絞り出した。

しかしながら、一向に金色の顔しか見えず、見えそうな場所にはほとんど行ってみたので断念してホテルに戻るよう運転手さんに伝えた。

「また、昼間の時間ある時に見に来たらええわ。あっちの車の方は見られませんけどなぁ」

と運転手は呟いた。

一路帰途へ。バイパスに乗りしばらく走ると、右手に、どでかい、オブジェ、太陽の、塔、ほぼ全身、現る‼

その存在感、圧倒的で。ちょっと怖かった。諦《あきら》めた矢先であったこと、急だったことも含め、ぼくの鼻孔は大爆発を起こし、涙腺に激辛ソースが流れたかのようなビリ。胸中からあからさまな勇気とエネルギーが突如として溢《あふ》れ出てきたことを確認して、ぼくは茫然としていた。

そんなぼくに運転手さんが一言「ウルトラマンの敵みたいなもんですなぁ……」

〝芸術は人それぞれの捉え方次第〟という便利な言葉を頭の中で三回繰り返し、『笑っていいとも！』のお客さんのトーンで「そーですね！」と返すのがやっとだった。

あの小学生の時に見たオブジェを久々に観に行こう。

馬鹿の定義

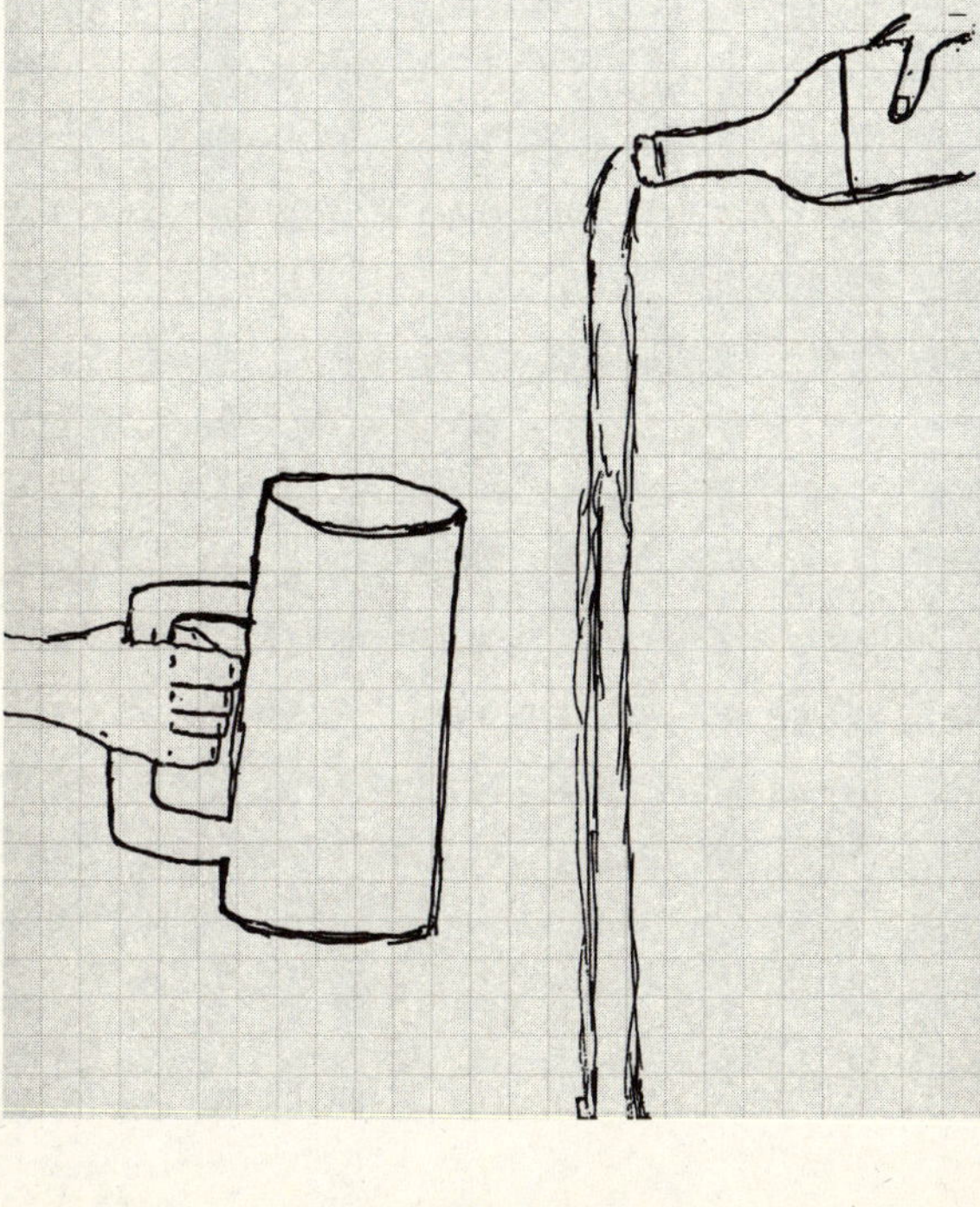

一流大学出身のディレクターさんとお酒を飲んでいて、〝馬鹿の定義〟の話題になった。

その人は、学生時代に家庭教師のアルバイトをしていて、成績の伸びない子の典型として「わからない問題にこだわり続ける」ということを言っていた。わからない問題にこだわり続けた結果、冷静さを失い、集中力を切らし諦める。これが、成績の伸びない子に多かったらしい。

対して、成績の伸びる子はわからない部分を次々と飛ばし、わかることから済ましていく。要領のいい子が多かったらしい。

ぼくは、学生時代とにかく成績が悪かった。

わからない問題にこだわり続けるどころか、今、なぜ自分が数学を勉強しなきゃいけないのかにこだわり続けて、結局、授業はまるで聞いていなかった。

高校時代にアメリカンフットボール部に所属していた時も、練習内容をいちいち先輩に「先輩！　これは試合中どんな時に役に立つ練習ですか⁉」と聞いては「黙ってやってりゃいいんだよ！」と体育会らしい理由でゲンコツなどを食らっていた。

お笑いを始めてからも、些細《ささい》なことにこだわる病は止まらない。ある日、目上の人と飲んでいたら「さっきから手酌なんだけど‼」と怒られた。

自分の酒を自分で注いで飲むことがなぜ怒りに達するか理解できなかったぼくは、次の日図書館に走った。

手酌について調べてみると、どうもお酌というのは、男女雇用機会均等法が成立する前の時代、給料は年功序列で男女格差が大きかったらしく、会社の飲み会などの飲食費は年上の上司が支払うことが通念だったらしい。そこで、タダ飯のタダ酒というのも、申し訳ないので「せめてお酌でも」というのが事の始まりだということがわかった。

「ということは、昨日は割り勘だったからお酌する必要はなかったんだな。今度から、奢《おご》りの時はお酌して、割り勘の時はお酌をしないでいこう！」と心に決めた。

今思えば、黙って練習すりゃいいし、黙ってお酌すりゃいいのだ。

理由は、後々めんどくさいからだ。

「そんなぼくは馬鹿ですか？」とディレクターさんに聞くと、「少なくとも頭がいい人ではないのかな」と柔らかい口調でザックリえぐられた。

馬鹿の心当たりはあるものの、軽く落ち込んだぼくを見かねたのか、「でも、」と前

置きをして、

「僕の経験からすると、わからないことにこだわらない人は一から百は作れるけど、ゼロから一は作れないんだよ。つまりフォーマットをなぞることはできても発明はできないんだよね」と言った。

（なにそれ！　ぼくに超有利な説じゃん！）

「ということは、ぼくはゼロから一を作れる人間の生理をもっているってことですか⁉」と尋ねると、ディレクターさんは再び間を置き「……でもね、世の中にはゼロから一を作って、それを、さらに一から百にする人もいるんだよ」と言う。「イチローとかのことですか？」と聞くと「うん、あと石川遼《いしかわりょう》とかね」と。

「うーん……じゃあ、ぼくは〇・七から七十五辺りを目指す感じで行ったら丁度いいですかね？」と聞くと「ん⁇」と首をかしげるディレクターさん。

「いや、だからゼロから一とか、一を百とかぼくには無理だから、せめて〇・七ぐらいから七十五辺りを……」と説明していると「その数字こだわるとこじゃないでしょ？」と笑われた。

ぼくはディレクターさんの目を見据えて言った。

「今の発言ね、ぼくに〝バカ〟って言ってるのと一緒ですよ」

高級料理＝幸福。論

色々な仕事をさせてもらう中で、難しい仕事といえば、グルメ番組の料理を食べた後のコメントだ。

なぜ難しいか、ぼくがグルメじゃないからだ。

まずは言い訳をさせてもらいます。お金がない時代の食生活は一日二食。昼は牛丼。夜は百円ショップのおにぎりやパンが二十三時以降タイムサービスになり半額の五十円になるので、それを買いに行く。そんな食生活を二十代のほとんどで送っていた。

事実、三十歳の誕生日「ぼくも三十かぁ……」と二十代を振り返っていた時に「牛丼食ってただけじゃねぇか！」と叫んだ。

夜、かっちかちのおにぎりを食べながらテレビを見ている時に限って、タレントが高級料理を食べて「おいしー！」なんていうグルメ番組が放送されていた。それを見ながら、「高級料理を食べることは幸福です」というテレビから流れてくるアナウンスをぼくは全否定していた。

パプリカのムースを食ってヘラヘラしているような奴はバカだ。と。

そうでもしないと、三十手前のぼくは敗北感に押しつぶされそうであったのだろう。

最近、グルメ番組で高級なものを食べる時、そんな昔の自分が背後から忍び寄ってくる。

「おい、お前まさか、高級料理＝幸福。論をアナウンスするんじゃないだろうなぁ？」

「ちょっと向こうに行っててくれ！　今、仕事中なんだから！」

その時の脳内はこうだ。↓「簡単においしいと言っていいのか？　でも、すごくうまい！　だってシェフが試行錯誤を繰り返し辿り着いた味なんだから。うん、スタッフさんもおいしいというコメントを求めている。しかし高級料理を食べるという相対的な幸福感の先頭に立つような真似をしていいのか？　だが、想像してみろ。『確かにおいしいですけど、それ以外にも大切なことはたくさんありますよね』と言った後の世界を！　壮絶な焼け野原にポツンと立つことになるぞ。何よりカットだ。言え、言うのだ！　おいしいと！」

とまあこんな具合だ。

結果「これ……お、おいしい」というコメントを現場に落とす。

直後、「コメント普通だな!!」という番組のMCのツッコミに吹き飛ばされ、ぼくは焼け野原にポツンと立つことになった。

このあいだ、世界中を渡り歩いて修業したというシェフがこんなことを言っていた。

「どんなにおいしい料理も一人で食べていると虚《むな》しくなってくるものだよ。まずくないってのは大前提だけど、あとはおいしい料理を気の合う仲間と食べる。これが『おいしい』ってことだよ」ですって。

刺さったね～。グサッとさぁ～。

でも、気の合う仲間だって⁉ ＳＮＳっていうやつ、あれやってみようかな。

やだよ。

自意識過剰

自意識過剰である。

年を取れば治ると聞き期待していたのだが、三十二歳になった今も妙なことが恥ずかしく、そのほとんどが同意を得ない。美容室に行って「どのようになさいますか?」と聞かれた時にぼくは必ず「おまかせします」と答えている。事細かに髪型をオーダーするのが恥ずかしい。「こいつ、めちゃかっこつけようとしてるじゃん」と思われたらどうしようと怖くてしょうがない。白状すると、ぼくは本当は妻夫木《つまぶき》君みたいな無造作ヘアにしたくてしたくてしょうがない。

だけど言えない。

あと、スタバとかでコーヒーを頼む時に「トール」と言うのがなんか恥ずかしい。「グランデ」なんて絶対言えないから頼んだことがない。S、M、Lなら言える。その前にスタバに行くこと自体が恥ずかしい。ぼくは「スタバ」で「キャラメルフラペチーノ」の「グランデ」を飲んでいるところに知り合いが来たら窓を破って逃げる。

「パスタ」と言うのも恥ずかしい。だから、「お昼ご飯何食べた?」と聞かれた時に本当はパスタを食べたんだけど、「パスタ」と答えるのが嫌だから「何も食べてない」と答えたことがある。

お昼ご飯をランチとか、デザートをスイーツもそうだが、ちょいちょいオシャレな言い方にしないでほしい。言う時に恥ずかしいから。内容は変わらないのに、何かとオシャレに見せて売上に繋《つな》げようとする店側の狡猾《こうかつ》な仕業、眉唾《まゆつば》だぜ。

このあいだ商店街を歩いていて「ウォーキングアイス」と書かれていたのでなんだろうと覗《のぞ》いてみたら、ただの「かき氷」だった。

さすがにないぜ。

そんな中で最も恥ずかしいのが女性へのプレゼントを購入する時だ。これは、男友達はみんな「きつい」と言っていた。どうしても女性へのプレゼントにアクセサリー(ジュエリーとは言えない)を買わなければいけなくなった場合、姉に依頼してきた。それが、ダメなら男友達に頼む。

設定がある。その男友達に彼女へのプレゼントを買う男を演じてもらう。そして、それに無理矢理付き合わされている男をぼくが演じる。かなり狡《ずる》い手だ。「よくわかんねーけどさー、それがいいんじゃないのー?」とぼくが言い、男友達に「い、いいねー」と演技してもらう。そうでもしないととてもじゃないけど一人でなんか買いに行けない。

自意識過剰だなぁ。とよく言われる。

そう。その通りだ。誰もぼくのことなんか見ていない。それはわかっているのだ。

だがしかし、だ。ぼくなのだ。ぼくが！　見ているのだ！

例えば、スタバでｉＰａｄを横に置きながら、『１Ｑ８４』を読んでいる女性を見て、「うわっ！」と思ってしまう。例えば、美容室で「木村カエラみたいな感じで」と言っている人がいたらぼくは「マジか！」と思ってしまう。

最低だ。良い人間になりたい。

そして、今日もぼくはベトナム料理屋でフォーを頼むのに「パクチー抜きで」を友達に代わりに言ってもらう。店員に「パクチー嫌いならフォー食うなよ！」と思われたくないから（思わないんですよね）。そのベトナム料理屋の帰り道、ツタヤのレジでＡＶを三本借りるために会計をしていたぼくに「ＡＶは借りられるのかい‼」と友人は言った。

借りられるんだよ。ぼくは男がＡＶを借りるという行為を肯定している。

夢日記

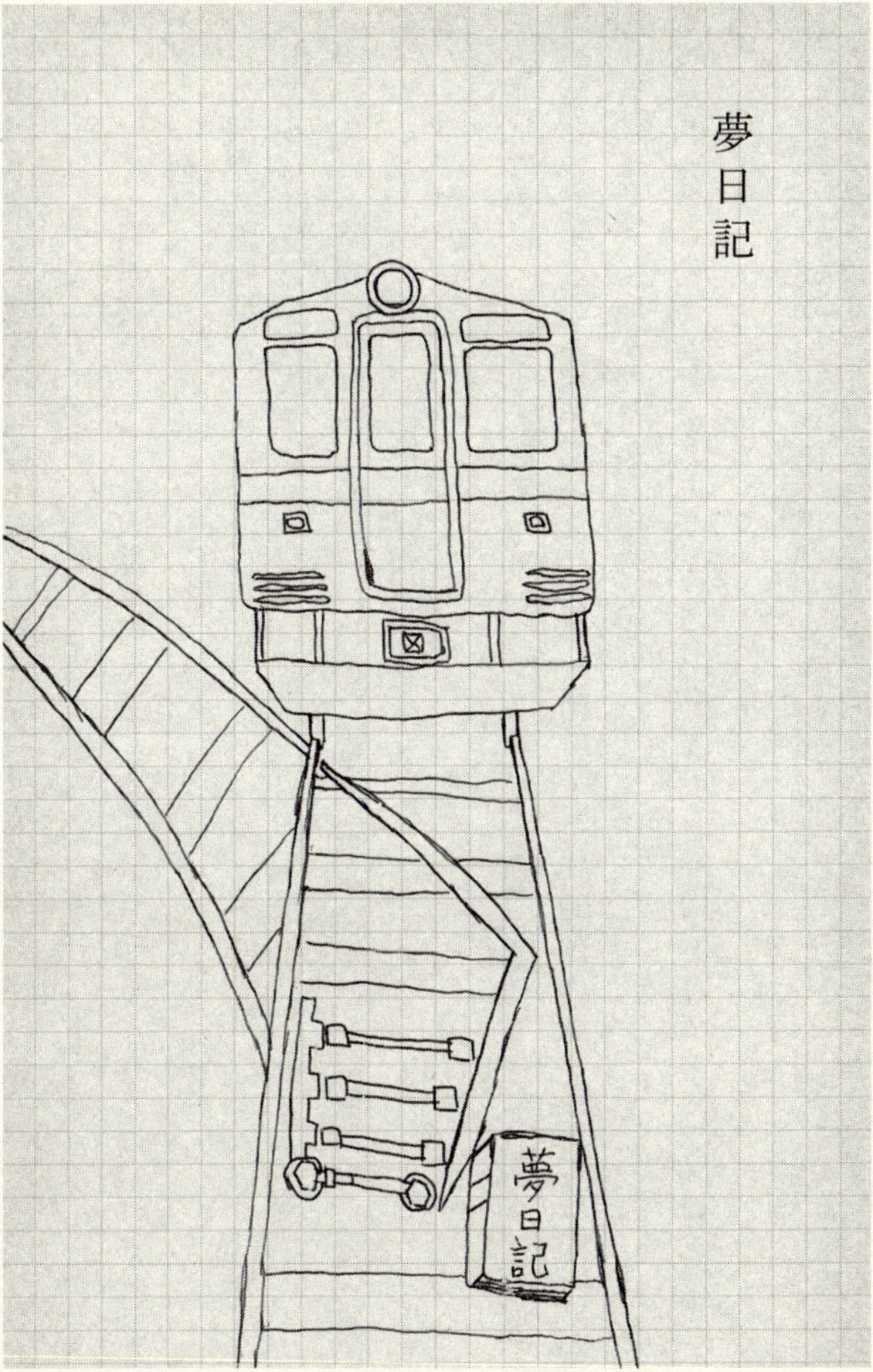

「仕事が出来る」と言われている人に会う機会が増えた。

あの人は「デキル人」だと、言われる人は明るくて活発だ。夕方まで寝て、パチスロに行って一日が終わるような人種に多く接してきたので、そんな人に会うと高尚なオブジェを見るような目で「ほぇ〜」と観察してしまう。観察を経て、「デキル人」のある典型に気付いた。

出来る人は時間を無駄にしない。

空いている時間があれば人に会い、映画を観て、本を読んで、勉強して、遊び、仕事をする。ノウハウ、情報量、経験値に富んでいる。

故に「デキル人」だ。

五十代なのに、西野《にしの》カナを知っていてフォグバーで髪を整えていたりする。そして、歌舞伎とさだまさしも知っていたりする。経済学では時間を資源と捉えるらしい。資源を有効に使っているのだから出来て当然だ。

逆を言えば、資源を無駄にしている人は経済学上で言えば出来なくてもまた当然だろう。

ぼくは、どちらかといえば時間を無駄にする人間だ。

西野カナとJUJUの区別はつかない。時間を無駄にするというよりも、時間を無駄にするのが好きなのかもしれない。

高校、大学と授業をサボって公園にただ座っていることが多かった。ただ、座っているのだ。何も考えたくないな。とベンチに座り。

「何も考えないって意外と難しいな、よし、もっともっと何も考えなくなってみよう！　いや、何も考えないということを考えちゃってるな！　オレは考えないぞ！」

とか思ってるうちに一時間とか経っていたりする。

芸人になってからも、楽屋はいつもすごく盛り上がっているから公園で一人ぼーっとしていた。

二十代、仕事のない頃は時間だけが膨大にあった。つまり、資源だけが膨大にあったことに、まさに時間が過ぎた最近になってようやく気付いた。

よく時間を、無駄にしていた。ネタ合わせと称して昼間から公園に相方と集まりキャッチボールだけをして帰宅したり、夏場は体を動かしながらだと良いアイデアが生まれるかもしれないと理由を無理矢理作り区民プールに集まり潜水だけをして帰宅していた。

そんな日々が八年ぐらい続いたおかげで、ぼくは変化球が五種類投げられるようになって、相方は潜水の日本三位（当時）の記録保持者だったりする。

それらの時間の全てを例えば勉強や訓練に充てていたら、今頃、夕方の帯番組で司会をしているかもしれない。いや、例えばですけどね。

でも、そのぐらい時間を無駄にしていたんですよ。

とまぁ、自らのナマケモノの性分に身をゆだねていたぼくですが、ある日記をつけはじめてからはちょっと変わった。

昔から、『プロジェクトX』とか『プロフェッショナル』とか『カンブリア宮殿』とかの類の番組が好きで、よく見ている。で、そこに出てくる社長や開発者に夢日記的なものをつけている人が本当に多い。夢日記とは自分が睡眠中に見た夢を記す日記ではない。自分の叶えたい夢を記す日記だ。目標日記といった方が適当かもしれない。

ぼくが見た「デキル人」たちは五十年後の自分がこうなっていたいという理想像から、そこに行き着くまでにはどうなっていれば良いかを事細かに夢日記に書いて、それを今日まで降ろしてきてやるべき仕事を一日の予定表に書いてスケジュールにするのだ。

五年ぐらい前、まるで仕事がなかったぼくは（当時はライブとショーパブだけで、一ヶ月の半分以上仕事がなかった）一年後M-1グランプリで優勝するという目標を立て、今日何をすべきかまで予定表を埋めた。

すると、仕事がまるでないのに、なんだかスケジュールが組まれているような気持ちになって、仕事がなくて社会から必要とされていないという劣等感が薄らいだ。暗い洞窟で彷徨《さまよ》っているような毎日から、険しいが頂上は見えるには見えている山道を歩いているような気分になって、ちょっと安心した。

ちなみに、その時書いた最初の仕事は「相方を説教する」であった。

それから、図書館へ行くだの、裁判を傍聴してみるだの、ライブをするだの、先輩にネタの相談をするなどと事務所からの仕事は全くないのにスケジュールはどんどん埋まっていった。

コンパの誘いを「ケツがあるんだよね〜」なんていう言葉を使って断ってみると、「お前にケツなんかあるわけねぇだろ」と笑われた。疑似忙しい人体験を楽しんでいた。

ちなみに、当時一日の大半をゴミ捨て場で拾った雑誌を読むこととエロサイトを閲覧することに費やしていた相方に夢日記を勧めたところ、五十年後の「死」と書いてから一向にペンが進まなかったらしい。

「デキル」ことと「幸福」や「魅力」はそれぞれまた別の話だ。

それから、毎日一年後M－1で優勝するというその予定表と共に歩んだ。結果は三年後二位だったんだけど……。人生予定通りに行くはずなんてないので、まあよしとしよう。

それから夢日記をぼくは書かなくなった。二〇〇八年のM－1後の二年間、ぼくはどんな目標を立てていいかわからないまま、次から次にやってくる自分にとってハードルの高い仕事を前に「慣れる」ということだけを最優先にしてきた。川の激流に飲み込まれないように岩に爪を立ててしがみつくように今日まで生きてきた。憧れの人と会えたり、テレビじゃないと出来ない経験をしたり楽しい毎日ではあったが、凡人のぼくには刺激の強い日々だった。気付けば、夢日記のことなんかはとっくに忘れていた。

このあいだせっかく休日を頂いたのに、股間に手を入れながらソファでうとうとと、たまに目を覚まし「ディズニーランドでも行ったろか！」とか「趣味がないとよく怒られるから料理でも作ったろか」とか「政治でも勉強するか」とか天井を見上げながら考えて、またうとうとと、ふらっと散歩に出て公園のベンチに座っていた時「オレ人生で本当よく公園にいるな～」とちょっと笑ってしまった。

気付いたら一日が過ぎていた。一日を無駄にしたな～。と深夜ソファに寝転がりながら後悔していたら、思考は元来のネガティブシンキングのレールに乗って加速していき、この先どうなるのかな~という手垢《てあか》べっとべとの漠然とした不安に辿り着いた。

そんな時、ふと夢日記のことを思い出した。また、夢日記でも書いてみるかと、股間から手を出してペンを手に取った。五十年後と考えたらたぶん死んでるな~と寂しくなったので、二十年後を目標に書いた。楽しくなってペンは進む。自分に出来そうなことよりちょっと上で、自分がしたいこと。そんなことを書きこみながら一日後の予定まで降ろした。

書いたのは「ダ・ヴィンチの原稿を書く」と「相方を説教する（褒めながら）」であった。

ぼくは（褒めながら）の分だけ大人になっていた。

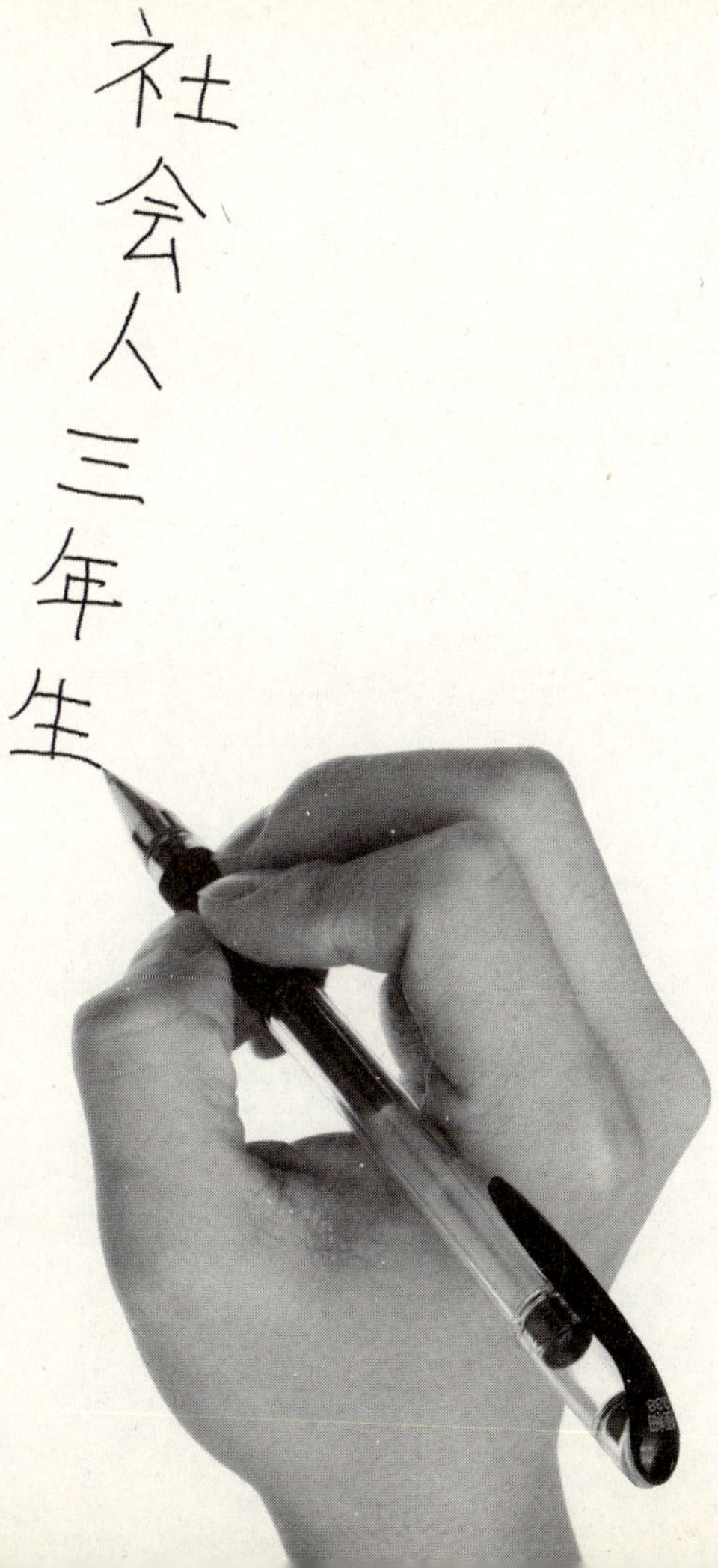
社会人三年生

〃確か〃なもの

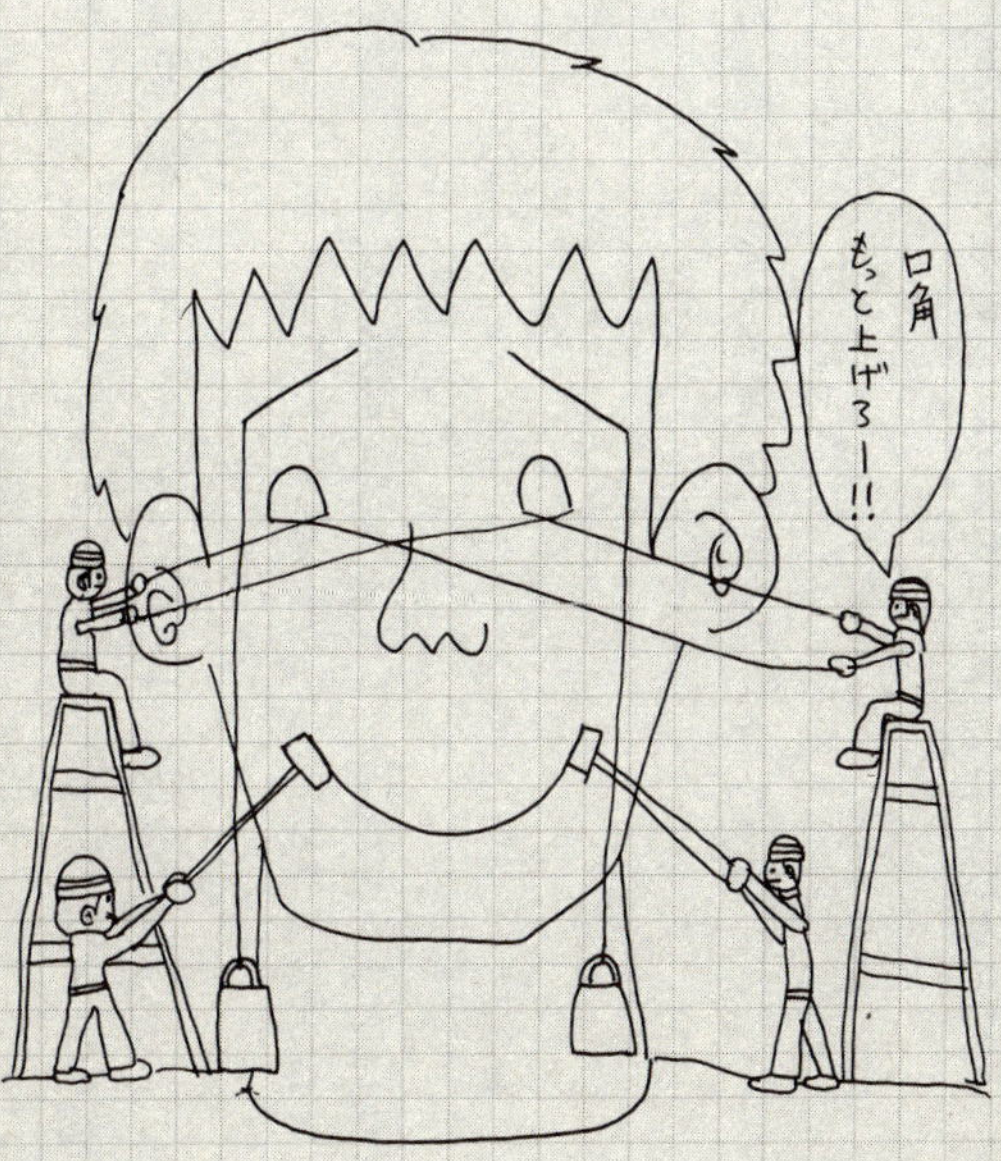

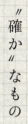

言葉を選んでいる。

口は禍《わざわい》のもとなんてことを言うが、今まで何度も禍にあってきた。

高校生の時、日本史の先生がテストの返却の時に「B組は平均点が低い‼」と延々説教するので「ぼくらクラス対抗で競ってる訳じゃないんですけどね」と言ったら出席簿で右の頰をぶっ叩かれた。

ぼくは元々、口が悪い。というか、減らず口というやつだ。口に気をつけることの重要さに、この一、二年の禍を機にようやく気付いた。ハードな言葉をソフトにする作業に公私を問わず励んでいる。

「まずい」→「独特なお味」
「ボロい」→「趣がある」
「出来る訳ねぇだろ」→「最善は尽くしますが難しいかもしれないっす」
「クソみてぇな奴だ」→「パンチの利いた人ですね」

などである。以上のような言語変換を社会人三年生のぼくなりに実践している。が、あまり得意分野ではないことに気付いている。

感情も選んでいる。

比較的無表情のぼくは、昔、所属事務所の打ち上げの最中に「つまんないんだったら帰れよ！」とそこそこ楽しかったのに先輩に怒鳴られた。

そんな自分の型を知っているので、楽しくないとアウトな状況では口角を上げ、テンションも上げにかかる。やってやれないことじゃないのだ。しかし、下手だ。すぐバレる。

だけれども、試行錯誤を繰り返し日々スキルアップに励んでいる。心の底の感情の起伏のせいで、社会生活を営むうえでの空気を壊しがちなタイプの人間にとって必要な作業だ。

そんなことに注意しながら生きてたら、近頃よくわかんなくなってきた。

今、楽しいのか？

この映画を本当に面白いと感じたか？　目の前の人が言う意見に賛成なのか？　反対なのか？　対外的な反応にばかり気を取られていて、自分の本心なんてどうでもよかった。その流れで、自分の素がよくわかんなくなってきた。

格闘技のジムに一年前から通っている。

最近ではトレーナーの人がスパーリングをしてくれる。ぼくに合わせて手加減をしてくれているのだがなかなか厳しい。

このあいだスパーリングをしていた時、トレーナーの左のボディブローが右のわき腹にモロに入った。

（んん！）

悶絶して倒れた。

（痛い！　苦しい！）

「はい若林君！　ボディ貰《もら》い過ぎ！」

（人の腹を殴っといてなんだその態度は！）

「はい、いつまでも寝てないよー、立ってー」

（ぼくは風邪を引かない程度の運動をと思ってジムに入ったんだ！　話が違うじゃないか！）

（まだ、苦しい！　確かに苦しい！　そして、確かにムカつく！）

立ち上がろうかなと、膝を立てた瞬間〝ハッ〟と気付いた。

（痛いのは嫌だけど〝確か〟なものっていいよね！）

（嘘偽りのない〝自分〟お久しぶりです！）

でも、痛かったり苦しいのは嫌だ。出来るなら、楽しいとか、面白いとか、愛とか、感動とかの方がいい。〝確かじゃない〟日常を過ごしながらも〝確か〟なものに死ぬまでに数多く出会いたいものである。

そんなぼくにこのあいだ確かに楽しいものが一つ増えた。

ジェンガ。

あれは何度やっても〝確か〟に楽しかった。お試しあれ。

おばあちゃん

二十代の真ん中あたりの数年間、両親が海外で仕事をしていたことがある。そのあいだ実家で祖母と二人暮らしをしていた。売れない芸人と八十代後半の祖母の二人暮らしだ。二十代と八十代であるから様々なジェネレーションギャップが生じる。関東大震災と太平洋戦争を経験している祖母は「勿体《もったい》ない」という感覚がものすごく強かった。ぼくが捨てるためにゴミ袋に入れた服を「まだ着られる」と勝手に取り出して着るのだ。当時、ぼくは何を血迷ったかヒップホップ的な服を好んで着ていた。捨てる予定だったフードの付いたダボダボのパーカーとハーフパンツを、ぼくよりだいぶ体の小さい祖母はさらにダボっと着こなして、軒先の植木に水をやっていたりした。通行人にはかなりファンキーな老人に見えたことだろう。

ジェネレーションギャップは他にもある。すごく気に入っていたダメージ加工のリストバンドが、突然見当たらなくなった。所々が破れているリストバンドを捨てるものと勘違いしたのか、祖母がリストバンドを手に持って仏壇の鈴《りん》を磨いていたのだ。

そんな祖母であったが、ぼくがいい歳こいて売れないお笑い芸人をやっていることに関しては何も言わなかった。「両親に心配をかけるな」的なことも一切言わなかった。一度だけ、二人で夕食を食べながらお笑いのネタ番組を見ていた時「あんた、こういうのには出ないの?」と聞かれ、いたたまれない気持ちになったことがあるが、それぐらいだ。

単純にぼくのことに興味がないのだろうと思っていた。

その後、帰国した父親にいつまでもお笑いで燻《くすぶ》っているぼくが家を追い出された件なんかもあって、祖母とはしばらく会っていなかった。

最近、祖母は老人ホームに入った。父親とも復縁したので去年の頭、祖母を訪ねた。

九十三歳になった祖母はだいぶ老《ふ》けていた。祖母の個室の冷蔵庫には、ぼくのテレビの出演スケジュールが貼ってあった。

興味がないと思っていたので驚いた。

祖母に「あんたそんなボサボサした髪型してないで、相方さんみたいにキッチリしなさい！」と怒られた。相方の七：三の髪型の方がキッチリ見えるらしい。ジェネレーションギャップは健在だ。

このあいだ、時間が空いたのでまた祖母に会いに行った。驚いたことに祖母はぼくが写っている雑誌の写真を切り抜いてたくさん部屋の壁に貼っていた。

しかし、祖母は大きなミスを犯していた。あってはならない間違いだ。

なんと、一枚だけ堂本光一《どうもとこういち》さんの写真が混じっていたのだ。

おばあちゃん、ありがとう。

ファイト!

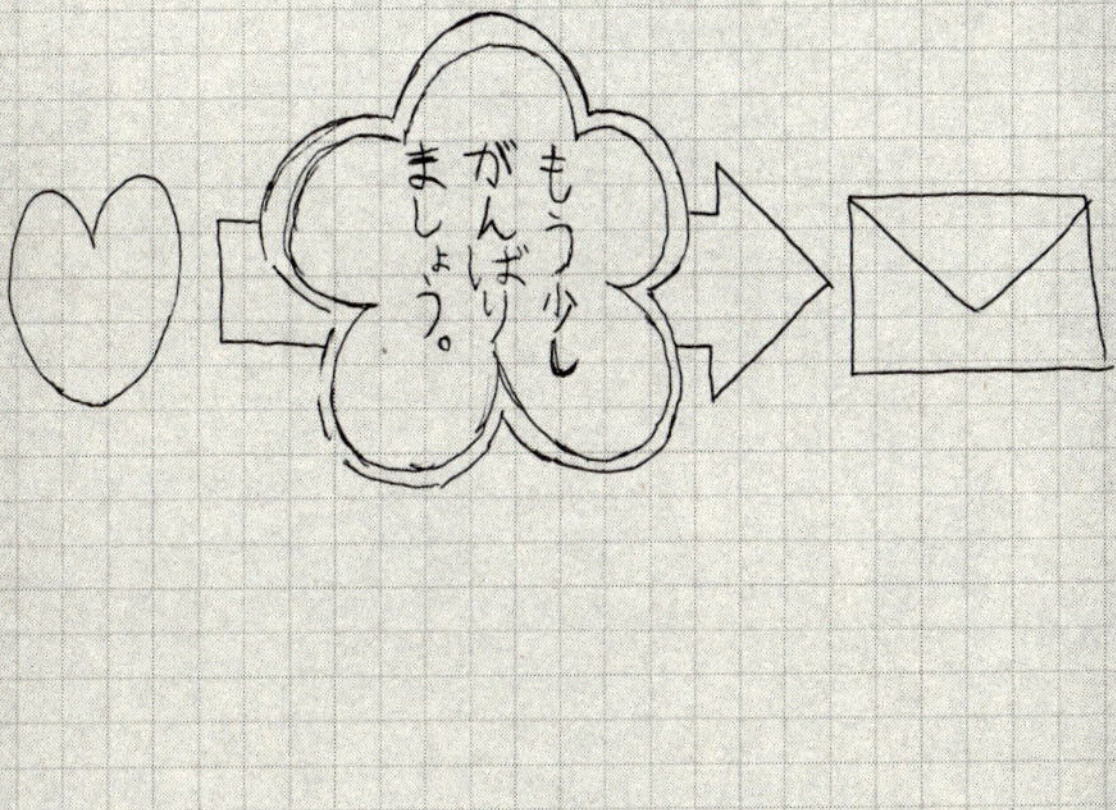

マラソンランナーに沿道から「がんばれー!」と声援を送るのは是か非か？　という内容の文が小学校だか中学だかの国語の教科書に載っていた。

妙に心に刺さったので記憶に残っている。心の病を持つ人に「がんばれ!」は禁句だというのもよく耳にする。

ぼく自身、街で声をかけられた時に「がんばれ!」と言われるより「応援してます!」と言われた方がなんか嬉しかったりする。

「がんばれ!」の取り扱いは難しい。使い方を誤ると大変なことになる。

昔、先輩が「オーディションは受からないし、バイトもクビになったし、どうすればいいんだ!」と頭を抱えていたので「がんばりましょう!」と声をかけたら「お前に言われたくねぇよ!」と怒鳴られた。「確かに!」とその時は反省した。

社会人三年生となり、ぼくにも知り合いが増えた。それと共にメールをする回数も社会に出る前に比べ格段に増えた。知り合いから「(大きな仕事が)いよいよ明日です」という内容のメールをもらうと、なんと返信すればいいかすごく悩む。

ぼくのような人間が十二分に頑張っている人に「がんばってください」と言っていいのかと疑問に思ってしまうのだ。

このあいだ、仲の良い芸人から、大きなチャンスである漫才のコンテストを明日に控えている。という内容のメールが来た。「がんばれ！」は違うと思った。おこがましい。

ぼくは考えた。「がんばれ」に代わる言葉を。

①「応援してる」
②「楽しんで」
③「グッドラック」
④「ぶちかませ！」
⑤「ファイト！」

①と②はちょっと軽い感じがした。③は本人の実力を評価しきっていないような気がする。④は熱すぎて逆に届かないだろう。⑤の「ファイト！」かな〜と決めかけたとこで思いだした。そういえば中島《なかじま》みゆきの「ファイト！」って曲がぼくは大好きだった、と。

おもむろに「ファイト！」をiPodから流した。闘う君の唄を闘わない奴らが笑うだろう〜♪　冷たい水の中をふるえながらのぼってゆけ〜♪　の部分相変わらずいいな～。と久々に聴いていたら不覚にも家で一人泣いてしまった。

ピンと来た。「冷たい水の中をふるえながらのぼってゆけ」いいんじゃないか⁉ 楽しむ余裕はないだろうし、激しい自分との戦いも強いられるだろうから「冷たい水」と言い切って、それでも良い結果が出ることを祈っている。というぼくの気持ちを伝えることができるなと、確信した。心のずいぶん深い所まで話しあった仲だから伝わるに違いない！ と「冷たい水の中をふるえながらのぼってゆけ」という文章に赤いびっくりマークの絵文字を二つ付けて送った。

ぼくは、これでいいのだ。と悦に入っていた。数分後、メールが返信されてきた。期待に胸を膨らませながらメールを開くと、クエスチョンマークが二つ並んでいた。

少し考えて「がんばって！ 応援してます！」と、送り返すと。「ありがとう！ がんばります！」とスムーズに返ってきた。

気持ちの伝え方、「もう少しがんばりましょう」だな。

幸せになる〇〇のルール

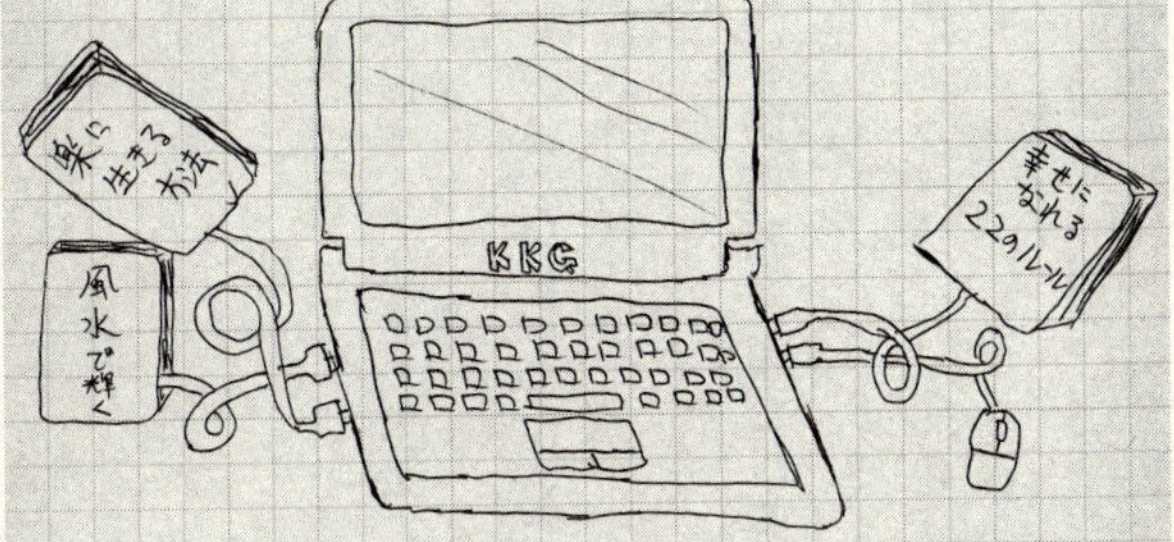

ずいぶん前から本屋の自己啓発本のコーナーが盛り上がっている。コンビニでも売っていたりして衰えの気配がない。「人生を楽にする方法」「つらい時は……」「幸せになる○○のルール」などなど、夢のようなタイトルの本がコーナーに所狭しと並べられている。

自己啓発本のコーナーに、ぼーっと立ちながら「幸せになるルール」という本と、十代のアイドルグループの写真集を買うのではどっちが恥ずかしいかを考えた。

心の中で「ドロー!」と叫んだ。

今の時代、自己啓発本を好んで読むような人は笑いの対象になりかねないが、ぼくははばかにはできない。人が本を読むそもそもの理由に自己啓発は多少なりとも含まれていると思う。

恥ずかしい話だが、ぼくはネガティブで消極的だという自覚が強くあったので思春期からついこのあいだまで「自分を変えたい」「違う自分になりたい」という気持ちが強かった。

二十代の時は大成功を収めている会社の社長が書いた本や、イチローさんや将棋の羽生《はぶ》さんだとかの本をよく読んだ。

いつも明るくて前向きな友達が心底羨《うらや》ましかった。毎日楽しくなかったから、そんなふうになりたいと願った。

そんな自分を変えたくて読んだ本の中に「幸せだから笑うのではない、笑っているから幸せになるのだ」と書いてあった。

翌日、常に笑っている状態をキープしていたら「さっきからなんで受け口なの？」と友達に聞かれた。

毎日寝る前に一日の出来事で幸せだったことを書いていけば、毎日がハッピーになると書いてあったので実践した。だが、四日続けて「はなまるうどんがおいしかった」の一行で逆に寂しくなったので止めた。

「自分を変える本」を読んだ後は、意識しているから三日ぐらいはその形になるが、日常に晒《さら》され続けるとすぐ元の自分の形に戻る。

性格とは形状記憶合金のようなもので元々の形は変わらない。それに気付いたことが「自分を変える」本を読んだぼくの収穫だった。

今となっちゃ「ポジティブシンキングになれる方法」も「自信を持って輝ける方法」も全く興味が湧かない。結局、今回の人生でこの形状記憶合金から下りられないんだ。と自分を変えることを諦め、自分の性質を受け入れることにした。

受け入れてからは負の感情に飲み込まれそうになる時、「またかー」と形状記憶合金をなぞるようになった。

そうすると不思議なことに案外飲み込まれたりしないのである。事前にシミュレーションしているから受け身がしっかり取れる。

それからは負の感情にどっぷり浸かることに飽きて、有効利用するようになった。今では負の感情をモチベーションに加工する工程が割と整備されている。

大学生の頃、負の感情が強い自分に悩んで相談した時に哲学の先生が言っていた。

「若い時は理想を追うが、歳を重ねると相応なものを追うようになるから安心しろ」

先生、「理想じゃなきゃ意味がない」なんて言ってごめん。

悩みの深みに
ハマるのは

ぼくの場合、悩みの深みにハマるのは、大体深夜の自宅である。暇な時間と一人でいる時間に悩みの深みというのは足元に現れる。

そんな話を友人としていたら、「お酒飲めばいいじゃん?」と言われた。「それってアルコール依存症になる人の発想なんじゃないの?」と言うと、「そうだね」と話は終わった。「じゃあ、ゲームは?」という話になった。友人曰く、ゲームをしている時は悩みを忘れられるらしい。

ぼくが小学生の頃やっていたのはファミコンだ。当時、ロールプレイングゲーム作成のドキュメントを見て、天の邪鬼《あまのじゃく》をすでにこじらせていたぼくは、感動がコントロールされているような気分になってゲームから次第に離れていった。

今思えば、映画だって小説だって感動をコントロールするものといえばするものですけどね。ファミコン以降を知らないぼくは、ふと最新のゲーム機を買ってみようという気になった。悩みの泥沼にハマらない術として忍者の水蜘蛛《みずぐも》の役割をゲームに託すのだ。

電器屋に行った。友人に聞いたところ、今のゲーム機の二大巨頭はPS3とWiiとのことだった。

迷った。一体どっちを買えばいいのかわからない。勇気を出して店員さんに聞いた。「すいません。全くの初心者なんですが、ＰＳ３とＷｉｉどっちがお勧めですかね？」と聞くと、「そうですね、Ｗｉｉは比較的みんなで楽しめるゲームが多くて、ＰＳ３は一人で黙々とやるって感じですかね」との返答が。「そうですか！　じゃあＰＳ３にします！」と答えると「そうですよね！　あの……人見知り……ですもんね」と店員さんは軽く微笑みながら言った。

おいおい、いじるなら歯切れよく頼むよ。

続いては、何のゲームを買うかだが、こちらも前知識がないので安易にもランキングの一位二位のものを買った。

帰り道ゲーム機の箱を持つぼくは、いつになく気分が高揚していた。

「早く、家に帰ってゲームがしたい！」

家に帰り勢いよく箱を開け、説明書通りにテレビに接続した。自宅でテレビゲームをするのは実に二十年ぶりだ！　昔よりテレビ画面がだいぶ大きいので、目がチカチカするぜ！　とは思ったが（後で判明したことだがコントローラーはワイヤレスで遠く離れてプレイできる）、そんなことお構いなしだ。

まずは、『ウイニングイレブン２０１２』（一位の方）というサッカーゲームをやることにした。オープニング画面に実写の中村俊輔《なかむらしゅんすけ》が出て来たので「まさか！　実写を操る時代か！」と息を飲んだが、それはプロローグ画面であった。スタートするも、ファミコンからやったことがないので、○△□×の四つのボタンを自在に操れない。×ボタンを押すとなんだか、ダメなパスになってしまうような気がして思い切って押せない。力が入ってどうしてもR1、L1というボタンを押し続けてしまう。

実況のジョン・カビラに「今のは良くないですね～」的なことを六回ぐらい言われた時点で「うるせぇよ！」とウイニングイレブンは一旦止めにした。

続いて、『戦国BASARA3』(二位の方)のゲームを始めた。

こちらは戦国時代をモチーフにした「スタイリッシュ英雄アクション」というジャンルだ。おしゃれバンドのバンド名のようだ。説明書を読んでも何をするのかよくわからないのでとにかくゲームを始めた。

ぼくは徳川家康《とくがわいえやす》を選んだ。とりあえずふらふら歩いていると、真後ろに急にバカでかい屈強な侍が現れた！　ぼくは怖かった。攻撃しまくった。何も起こらない。五分ぐらいは攻撃しただろう。

後日、友人に聞いたところ、その侍は仲間だった。

ゲームを見よう見まねで進めていると、手に電流のようなものが走った。「キャー!」とオカマのような声を上げコントローラーを放す。大きな爆発などが起こるとコントローラーが振動するのだ。特別にそういう機能が付いているのを買わなければ振動しないと思っていた。びっくりだ。

ゲーム。すっかりハマってしまった。今ではアメフトのゲームや格闘技のゲームもやっている。ゲーム中毒になって日常生活が送れない人もいるというのは理解できる。努力があまりにもスムーズに報われるから心地よいっていうのはあるなぁ。

おかげで、悩みの深みにハマりそうになった時、ゲームの電源を入れる癖がついてしまった。

このあいだ、スタジオで大きく場を白けさせてしまった時、頭の中でコントローラーのスティックを激しく回転させた。それは、格闘ゲームでダウンして立ち上がる時の操作だ。しかし、現場には何も変化は起こらなかった。回転させるものが違ったんだな。

ゲームにハマって気付いたこともある。

そういう悩みの深みこそ、ぼくらのような商売の人間が何かを生み出す土壌なのではないだろうか？

小学生の時に母親に決められたルールと全く同じだが、ゲームは一日一時間としよう。

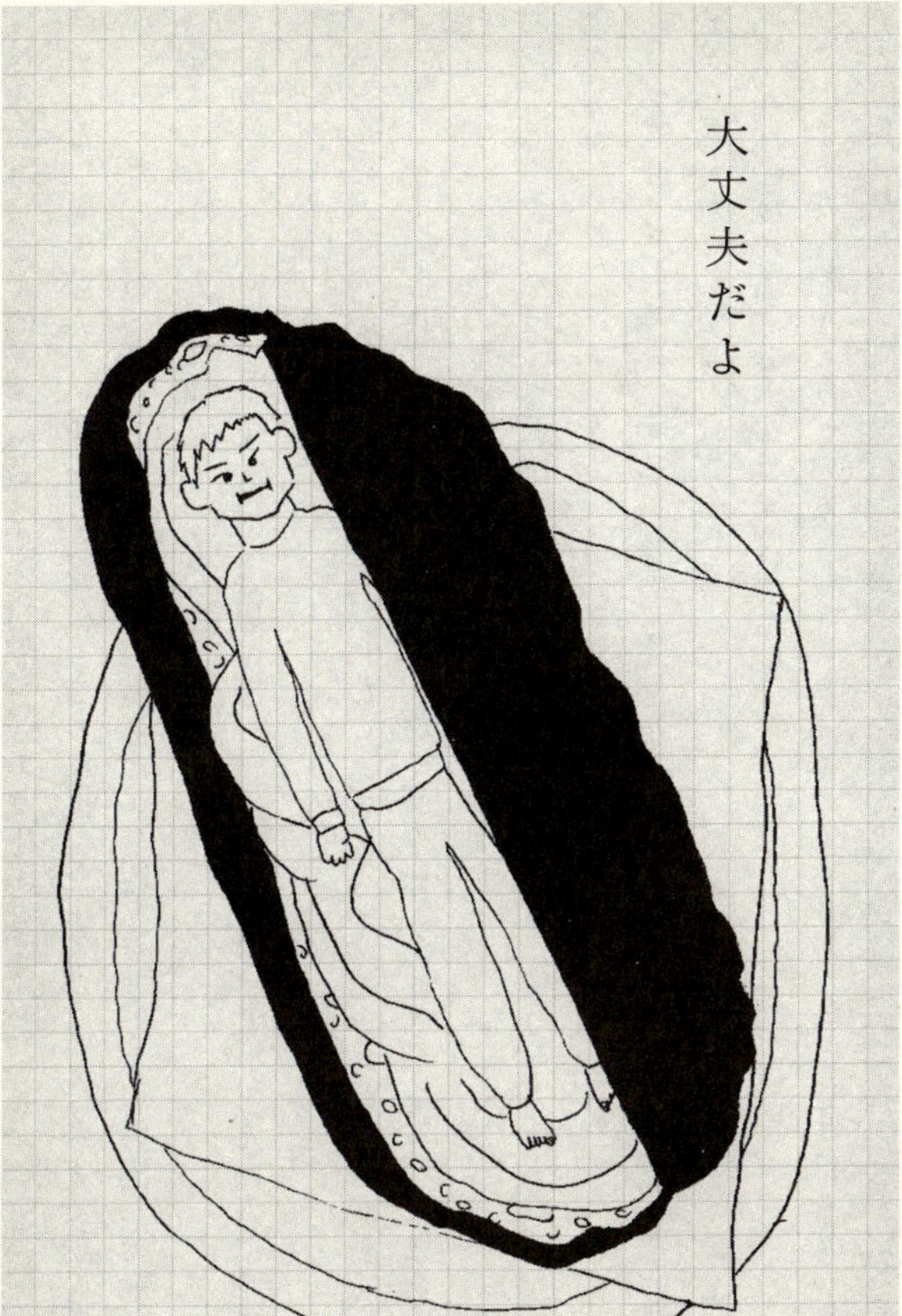
大丈夫だよ

鈴木《すずき》おさむさんの著書『芸人交換日記』という小説を読んだ。

売れない若手芸人の日常をこんなにリアルに描いた小説をぼくは今まで読んだことがなかった。自分の経験と酷似していて読みながら色々なことを思い出して最後の方は嗚咽《おえつ》でなかなか読み進められない程だった。

読み終わって落ち着いてからふと思い出したのが、昔はよくいろんな人に励ましてもらっていたな。ということだ。

ほとんどの芸人が下積み生活で経験したことがあるであろう、電気代が払えなくて家の電気を止められる。という経験をもれなくぼくもしたことがある。電気を止められると困るのが夜のトイレで、特に大の方のトイレットペーパーの確認作業が大変なのだ。紙でふいた後、外に出て外灯で紙を照らしてはまた戻り、という作業を繰り返していた。

電気を止められると「明るい場所で生活をする権利が君にはないのだよ」と国か社会から言われているような気分になった。

こんな経験は若手芸人にはまだ易しい方だ。

このような経験をしながらも逞《たくま》しく「ちょっとおもしれぇな」と生活していた人もいるぐらいだから、同じ環境でも苦ととるか楽ととるかはその人次第なんだろう。

ぼくは、苦と捉えた。

借金をして売れて取り返せ。と先輩に言われたが、自分の労働で得られる生活レベルを受け入れて査定のようなものを感じるべきだと思っていた。

そんな時に、励ましてくれた人間というのはよく覚えているものだ。

電気が止められている期間、友達の家を転々としていた。特に芸人以外の会社員として暮らしている友達は、近況を話すと同情してくれたり励ましてくれたりした。

人を励ますってことは難しいことだ。

言葉のチョイスによっては「あなたにはわからない」と思われたり、人によっては見下されているような気分になることもあるだろう。励ます時に人は自分の人生経験や哲学が試されるような気分になるのではないだろうか？

ある友人は「利いた風な口きくなって思うかもしれないけどさ……」と言葉を選んで、迂闊《うかつ》な表現になって傷付けないように配慮してくれていた。真面目な人ほど、「なんて言っていいかわからないよ」「俺って本当、ダメだな……」と励ましスタートだったのに、次第に自己嫌悪に陥ったりしていた。なんだか気を遣わせてしまっていて申し訳ない気分になった。

近所に知り合いのおばさんがいて電気が止められてお金がないことを聞きつけて家を訪ねてくれたことがある。

いろいろ近況を話すと「あんたは大丈夫よ。面白いもの」と言ってエクレアを手に握らせてくれた。

おばさんが帰った後、エクレアを左手で握り潰《つぶ》して壁に投げつけ、ぐちゃぐちゃになったのを泣きながら食べた。

その時、「ああ、俺は〝大丈夫〟って誰かに言ってほしかったんだな」ということに気付いた。

自力では抜け出せない程のネガティブな感情に嵌《はま》った時、一番初めに起動しなきゃいけないのはやっぱり心だ。

行動を起こしながら感情がついて来ることもあるだろうが、それでも一番初めのアクションは心からだ。

ぼくは、この先ネガティブな感情から抜け出せない仲間がいたら、ぼくの想像力が及ばなかろうが、経験値が及ばなかろうが、保身せず「大丈夫」だと言い張ろうとその時決心した。

本当に大丈夫かの信憑性《しんぴょうせい》はどうでもいい、まず大丈夫と言う。そして、言ったことにより生じる責任を、負おう。

この間、母親から電話がかかってきて「あなた、最近TVのお仕事どうなの？　今の部屋もいつ家賃追いつかなくなるかわからないんだからしっかりしなさいよ」と言われた。

ぼくは親父と母ちゃんには一番「大丈夫だよ」って言ってほしかったなと思ったけど、まぁ甘いよな。とひとりごちてお腹に力を入れて「大丈夫だよ」と答えた。無論、本当に大丈夫かどうかは計算にない。方法も分析も考察も後だ。

大丈夫と言うことから大丈夫は始まるのだ。

選択する

ラジオの時のぼくは、のびのびと話しているように聞こえるらしく「それをテレビでも出せばいいじゃん」とよく言われる。「いやぁ……」と頭をポリポリ掻《か》きつつ、ぼくは頷《うなず》くことができない。

試みたことはあったが上手くいかなかった。そういった部分はカットになっていた。深夜のラジオでは相方と二人っきりで話している。だが、お昼やゴールデンの番組では大先輩や後輩、女優さんやアナウンサーさんなど様々な方と共演する。ましてや、オードリー二人だけのラジオを聴く人とお昼やゴールデンの番組を見る層はもちろんイコールではないだろう。

テレビのお仕事を頂くようになって間もない頃、スタジオで有名人のお宅訪問的なVTRを見ていた。その有名人の自宅や家財道具がいかに高級なものであるかを紹介するVTRだった。

ぼくはそれを見ていて「どうでもいい」という感情がハッキリと芽生えたことに怖くなった。自分が隠れキリシタンであることをバレないようにしているような気分だった。そのVTRに対するコメントを求められた時に「どうでもいい」とは勿論《もちろん》言えず、言葉を探すのにとても苦労した。

それから、ぼくは毎日のお仕事の中でグルメやインテリアに世の中の多くの人が興味があることに驚いた。

金銭面で購入不可能であるが故に、そういうものに対する僻《ひが》みを体内に増幅させまくっていたぼくは、そういったものから無縁の生活をしてきたからだ。

人見知りで人嫌いの自分はそれまで同世代のお笑い芸人としかつるんでこなかったので、感覚に偏りを起こしていた。つまり、世界が極端に狭かった。

それからしばらく、特にお昼やゴールデンの番組では自分の率直な意見がハマらない場合に別の言葉を探すことに四苦八苦していた。

悩んだぼくは仲良くしていただいているテレビのディレクターさんに相談した。するど「番組の内容や時間帯によって見る層や性別はそれぞれだから、お昼やゴールデンの番組はお正月に大勢の親戚と集まっている時の自分、深夜番組やラジオは夜コンビニの前で地元の友達と話している時の自分みたいに分けて考えたら？」とアドバイスを頂いた。

目から鱗《うろこ》だった。

「〝有名人がどんなに豪華な家に住んでようが興味がない〟という意見は深夜のラジオではギリ成立するかもしれないですもんね!?」とディレクターさんに聞くと「うん、まぁ言わないに越したことはないけどね……」と笑われた。

そんなことを考えていた時、平野《ひらの》啓一郎《けいいちろう》さんの『ドーン』という小説を読んだ。その中に「ディヴ（分人）」という言葉が出てきてとても興味を引かれた。

恋人といる時の自分、会社での自分、両親の前での自分と、人には様々な自分がいて、その分けられた一つ一つの自分のことをディヴ（分人）と呼んでいた。「キャラ」という言葉よりは操作性がなく、対人関係や居場所によって自然と作られる自分が「ディヴ（分人）」だ。

よく、先輩と後輩と飲んでいる時に後輩に弄《いじ》られて「おい！　調子に乗るな！」と突っ込むと先輩に「若林って後輩にそんな感じなんだぁ」と言われ「いや、違うんです」みたいなやりとりがたまにあるが、あの居心地の悪さは先輩に対するディヴ（分人）と後輩に対するディヴ（分人）が行ったり来たりするからであろう。みなさんも上司と部下と一緒に飲んだりする時に経験はないだろうか？

そして、誰に対しても、どの環境に対してもディヴ（分人）を使わずに「自分は自分」と執着してしまうことを子どもだと書いてあり、ドキッとした。

自分がこの人大人だなと思う人は自分の本音を感情的にならずに押したり引いたりできる人だからだ。

ディヴ（分人）は本当の自分に嘘をついてる訳でも、無理をしている訳でもないという部分を読んでから様々なディヴ（分人）を使い分けること、自分の意見をTPOによって変えることに対して罪悪感を持たなくてもいいような気がして気持ちが楽になった。

例えば、グルメやインテリアでいうと、シェフや職人さんはそれこそ時間と熱をかけて一流の物を作ろうとする。

その姿に感動するのも自分で、手を伸ばすほど興味を持てないのも自分なのである。その感情をディヴ（分人）によって選択する。幼稚な自分だがこれでちょっとは大人に近づけるだろうか。

だがしかし、使い分けるだけに全てのディヴ（分人）に一貫しているものがなければ自分を見失ってしまうということもあるだろう。それは、性格がいいとかそんなレベルではなく、人や環境に対しての確信的な愛とか哲学なんだろうな。

ちなみに『ドーン』の中で、夫婦の間柄で全てのディヴ（分人）を見せるかどうか？　というやりとりがある。ぼくは、全ては見せなくてもその人との関係をより良いものであろうとすることそのものが愛情の一つなんじゃないかと考える。

だから、ぼくも様々な現場でより良くあろうではないか。

これだけ人の価値観が多様化されて、趣味嗜好《しこう》も細分化された世の中だ。「裏表がない」なんて人はよっぽど良い人か、デリカシーのない人だろう。

このあいだ実家に帰った時に、母親がぼくに「ランディ、もうご飯食べた?」と聞いてきた。ちなみに実家で飼っている犬の名前をランディという。

母ちゃん、犬とぼくに使ってるディヴ(分人)、一緒かい。

コンプレックス

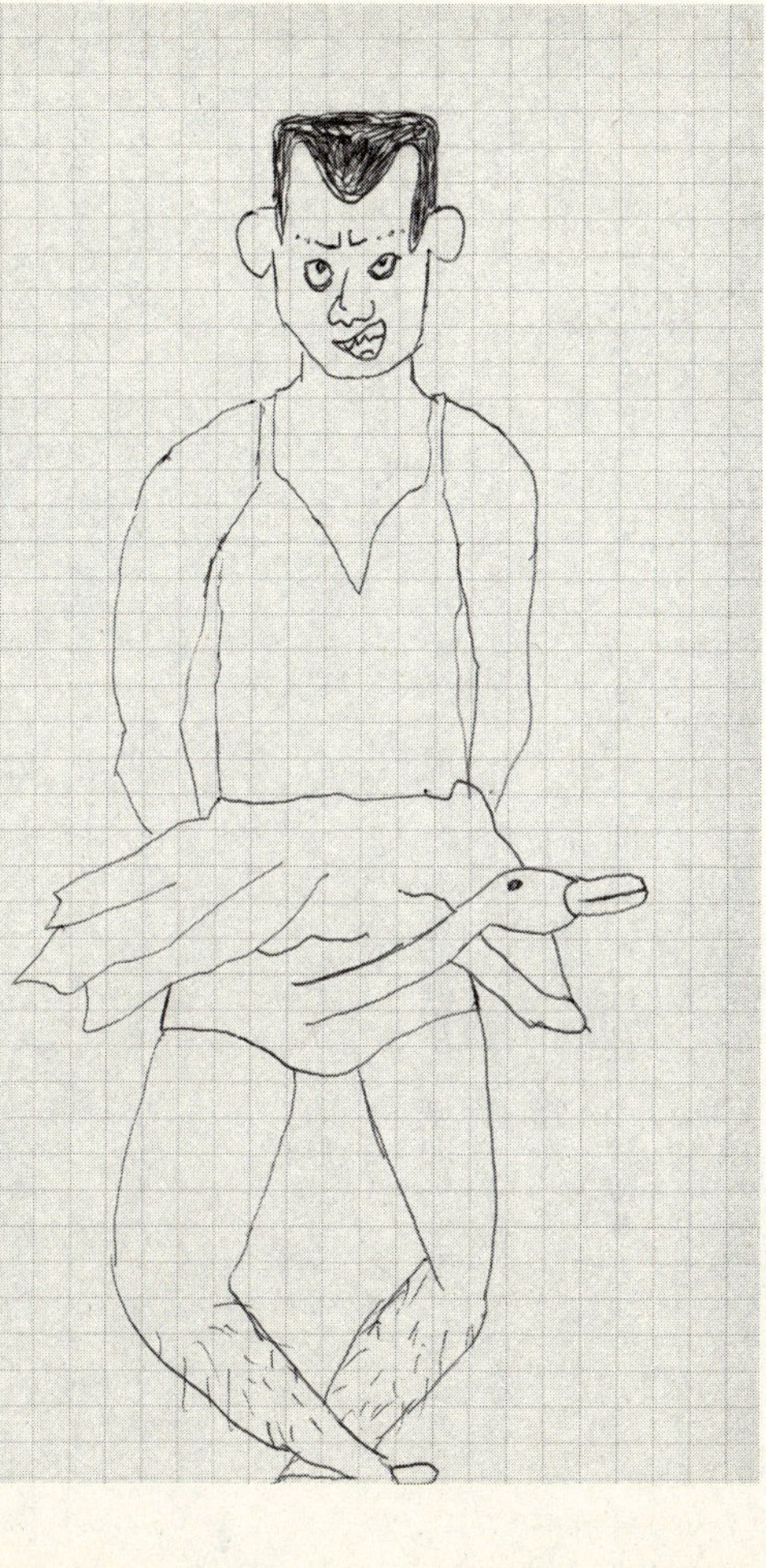

音痴だ。

音痴と気付いたのは幼稚園の年長だった。『大きな栗の木の下で』を自宅でご機嫌に歌っていたら母親に「さっきから何ぶつぶつ言ってんの?」と言われ、「言ってない。歌っているんだ」と思った辺りから自分の歌唱力の低さに気付き始めた。

小学校二年生のクリスマスに家族と車で出掛けた時、山下達郎《やましたたつろう》の『クリスマス・イブ』をみんなで歌っていた。クリスマス時期の家族の微笑ましい光景だ。すると親父が突然、

「正恭は歌うな! みんな音程がとれなくなる!」

と言った。ぼくはフロントガラスを真っ直ぐに見つめながら家族がサイレンナ〜イ♪ と歌っているのを聴いていた。まさに「ひとりきりのクリスマス・イブ」だった。

そんなこんなでぼくにとってカラオケは現世にある地獄だ。無理矢理歌わせようとする人は地獄の看守の鬼に見える。カラオケの何が嫌かと言えば、音痴と気付かれた瞬間の「え? これ、笑っていいの?」という何とも言えない空気だ。そして、上手く笑ってもらえたとしても効果は一回きり。二曲目からはただの耳障りと化す。

しかし、ぼくの音痴コンプレックスに転機はやってきた。それは『めちゃイケ』の歌がへたな王座決定戦という企画への出場だ。初めて音痴をテレビで公開した。最初

はスクランブル交差点で肛門を公開するかのような恥ずかしさがあった。しかし、曝《さら》け出したことでぼくの音痴に「笑ってもいいんですよ」というコーティングがされたのである。

その後、どうしてもカラオケで歌わなくてはならなくなった時に音痴前提で聴いてくれるので、あの気を遣われているような何とも言えない空気は笑われるという反応に昇華された。先輩に芸は「笑われるより笑わせろ」と教わってきたが「気を遣われるより笑われろ」である。

コンプレックス、触れないことが人付き合いの暗黙のルールだ。しかし、「笑ってもいい」というサインは他人の気遣いを中和する。

このあいだ、女性が「ノーメイクでコンビニに行ったら彼氏が気付かなかった」というエピソードを話していて「あ！　そこ笑っていいんだ！」という安心感を与えられた。何やら清々《すがすが》しく、余裕も感じた。笑いという価値を獲得してコンプレックスを受け入れる方法もあるのだなと納得した。もっと笑いが好きになった。

しかし、連呼し過ぎると痛々しくなってしまうだろう。「笑うなよ？　あぁ？」みたいな威圧感を出して弄らせない手法を取る人がいるがあれも同様だ。

結局、コンプレックスの受容の仕方が本物じゃないと使いこなせないといったところだろうか。使い手の品格が問われる。

昔、バイト先にやや頬骨の張った美人がいた。その子のアドレスにhouboneという文字が。「すごいアドレスだね！」と言うと、「そうなの。頬骨が出ちゃってて。どうしたらいいですかね？」と満面の笑みで聞かれたので、ここは一つ乗っちゃいますかと「鉋《かんな》かなんかで削ったらいいんじゃない？」と言ったら「バカにしてるんですか!?」と怒られ、バイト仲間の非難の集中砲火を浴びた。

コンプレックストーク、受け手の品格も問われる。

今、幸せですか？

十年ぐらい前、友達と友達の彼女と三人でお台場に映画を観に行った帰り、近くにあったジェットコースターに乗ろうということになった。

「八百円も払って乗りたくない」とぼくは乗車を拒んだ。

友達は「怖いのか?」とニヤつきながら言う。

「そうじゃねぇけど二人で乗ってきなよ」怖かった。

「はぁ? お前も乗るんだよ」友達の顔が鼻先に近づく。

「お前が金出したら乗ってやってもいいよ」言い返す。

「おぉ! 出してやるよビビり野郎!」

ぼくは目の前の男が吉祥寺《きちじょうじ》の伊勢丹の前で四人の男に殴り勝った姿を思い出した。

頭の中でジェットコースターに乗る怖さと殴られる怖さを天秤《てんびん》にかける。

「自腹で乗ってやるよこの野郎!!」

直後、ぼくは「ギャー!」と絶叫しながら激しく落下した。しかし、帰り道「誰だ! こんなもん作った奴!」と悪態をつきながら気分は高揚し、充実していた。

先日、作家さんと「仕事と幸福」がテーマのインタビューを受けた。「今、幸せですか?」と唐突に聞かれた。ぼくは「幸せです!」と即答できなかった。

願いを叶えれば常に幸福を感じられると夢想していた二十代。だが、今も大きな仕事の出番前には緊張して憂鬱《ゆううつ》な気持ちになる。ネタを作る作業は何年やってもめんどくさいし自信はない。

そんな時、自分はこの仕事が好きなのか疑問に感じることがある。そんな自分を傲《ごう》慢《まん》に感じていた。

「今、幸せですか?」と同じ質問をされた作家さんは熟考し、「……ジェットコースターみたいなものかな」と答えた。ここ数年解けないでいた問題の答えを聞いたようにハッとした。

わざわざ怖い思いをするために時間をかけて並ぶ。

絶叫しながら乗る。

二度と乗りたくないと思う。

でも、充実感がある。

だから、また次のジェットコースターに並んでしまう。

仕事がそれに似ているという。昇進して休日には家族で過ごせるようになったディレクターさんが「あんなに嫌だった徹夜の編集作業が今じゃ恋しい」と言っていたのを思い出した。

それを聞いてから仕事に対して緊張したり憂鬱になったりすることに負い目を感じなくなった。その感情は後の充実感や高揚感の予告信号のようなものだから。

自分にとっての幸福って絶叫マシンと絶叫マシンの間のソフトクリームのようなものかな？　と思った。

すぐ溶けるし。食べ過ぎると飽きるし。

事実、この原稿を書きながら何度か「ギャー！」と叫んだし、書き終わった今、マンゴーラッシーを飲んでいるが、とても幸せだ。

初体験

はほとんど取らない。心許せる友人と酒を飲み、心許せる飯屋で飯を食い、心許せる家で寛《くつろ》ぐ。

元々、臆病な性格なので知らない世界に無計画に飛び込んでいくという行動をぼくはほとんど取らない。心許せる友人と酒を飲み、心許せる飯屋で飯を食い、心許せる家で寛《くつろ》ぐ。

そんなぼくが経験したことのない世界に入って行くとどうなるか。今回は聞いてもらいたい。

このあいだ、鈴木おさむさん脚本・演出の『芸人交換日記』という舞台に出演した。三人芝居だ。初主演だ。

今回、初めて舞台でストレートプレイ（憶えたてで使ってみました。意味は全部出ることだったと思います）することになって、稽古《けいこ》前ぼくは不安だった。以前、舞台のドキュメンタリーで大女優が演出家に怒鳴られていたのを見たからだ。

稽古で灰皿が飛んできたらどうしよう。と不安になったぼくは、おさむさんの稽古の様子を狭い交友関係を駆使してリサーチした。

すると、おさむさんは稽古中、怒ったことがなく終始褒めながらハッピーな空気で進んでいくという情報を得た。胸を撫《な》で下ろした。

事実、稽古中におさむさんがすごく褒めてくれるので、疲れていても稽古に行くのがすごく楽しかった。褒めてくれるキャバクラとかがあったら行っちゃうよね。と思いながら稽古場に通った。

初めてのことなのでわからないことも多い。まず稽古は一体どんな恰好《かっこう》でするのか？　人に聞けないぼくは悩んだ。紺だな。紺のジャージだろ。たぶんシャカシャカの生地は駄目だぜ。稽古中、うるせーからな、と読んだ。

稽古初日、稽古場に入ると共演の伊勢佳世《いせかよ》さんがTシャツにジャージだった。読み通りだぜ！　とニヤついた直後、私服のまま稽古をする共演の田中圭《たなかけい》を見てビビった。

そして、稽古初日に稽古場に入ると伊勢佳世さんがストレッチをしていた。ぼくも徐《おもむろ》にほとんどやったことがないストレッチを始めると、田中圭はストレッチをせずに稽古に入った。人それぞれで良さそうだなと気付いたのは一週間経った辺りからだ。

本番に入ってからも「マチネが」「ソワレが」とみんなが話しているのを聞いて、なんだそれは？　と焦り、携帯でバレないように調べると昼と夜の公演のことを指すことがわかって、気取ってんじゃねぇよ。とニヤっとしつつ俺も使っちゃうよと「今日のマチネなんですけど……」と使ってみたら「お！　若林さん、役者になってきましたね！」と弄られて膝がガクガクした。

そして、カーテンコールも初めて経験した。何回か出て行くのね。

スタンディングオベーションってやつも初めて経験した。それの応え方は、手を差し出して礼。を左、右、中央と順にやっていくことだった。

初日は田中圭にやってもらったのだが、二日目のマチネ(使ってみました)で「若林さんやってください」と急に言われてやってみた。

いざやってみると三階席まであるので、どの辺を手で差していいかわからない。迷った手はあまりにもぎこちなく見えたらしく、客席から失笑が起こった。

舞台めちゃめちゃ楽しかった。

そして、知らない世界に飛び込んでいくことは大事だなと感じた。笑ってもらう職業だからこそ、お笑い以外のジャンルも勉強しなきゃいけないんだろうな。いろんな文化を学びたいもんだね。

カーテンコールの三回目に出て行く時、圭ちゃんが「若林さん一発ギャグとかやった方がいいんじゃないですか?」とニヤつきながら言ってきた。

我々の感覚では一発ギャグを無茶振りする時は、振る側にどうなっても拾う覚悟がなきゃ駄目なんだよ。この文化、揃えてもらわなきゃ困るぜ。

……一発ギャグ考えておきます。

ダイエット

ここ三年で七キロ太った。

食べるのもままならない生活からテレビ局のお弁当を食べられるようになったり、飲みの席などが増えて食生活が一変したのが原因だ。

そんなぼくに、ついにダイエット企画の依頼が来た。二週間で三キロ痩《や》せるという企画だった。

ダイエットの方法は自由ということで、打ち合わせでいろんなダイエット法を聞いた。どれもこれも、金持ちの暇人しか出来なそうなのばかりだった。

サプリを飲んで、ジムに通って、リンパマッサージに行くなんて金持ちで暇人のバカしか出来ないんじゃないだろうか。

番組企画がスタートして、レクチャーしてくれるモデルさんに色々教えてもらった。まずは食事。基礎代謝を計ってそれ以下に一日の摂取カロリーを抑える。基礎代謝、ぼくの場合は一日約一九〇〇キロカロリーだった。

人間って意外と食べなくてもいいんだなということに気付いた。

それなのにおいしいものがあると煽《あお》られて、食べて、太った挙げ句、今度はジムやダイエット商品にお金を費やす。支出の挟み打ちだ。「食品業界とダイエット業界双方からカモられてる！」と深夜ラジオで意気揚々と語っていたら「その話止めてください！　この番組のスポンサー○○（食品メーカー）です！」とディレクターの切羽詰まった声がヘッドホンから聞こえた。世の中難しいものである。

運動は、話しながら四十分ぐらい歩くのが脂肪燃焼に良いと聞いた。

話しながら歩いてくれる友人がいないので憶えている落語の台詞《せりふ》を言いながら公園を歩いた。傍《はた》から見ると、一人でぶつぶつ言いながら深夜に歩いている不審者だ。もし、すれ違った人の中でぼくをオードリー若林だと把握してくれた人がいたならば、大層悩んでいるように見えただろう。

夜、どうしてもお腹が空いたら寒天と無糖のミルクティーのアドバイスも実行した。そんなこんなで、二週間で三・一キロ減った。その後も継続していたら一ヶ月で六キロ減った。きつかったね。

夜中に自宅で一人、きゅうりを噛《か》むポリっという音が響いたときは泣きそうになった。もっともっと楽に食事しながら痩せられる方法があるらしいのでぼくのやり方はお勧めしません。

ダイエットに成功した先輩から「ダイエットって目標体重達成した後、絶対リバウンドするから。生活習慣を半永久的に変えるって思わないと絶対リバウンドするよ」と忠告された。

現場の差し入れのバナナロールを「カモられてたまるかよ」と睨みつけていたら「そんなに食べたそうにじぃ〜っと見つめてないで、遠慮せずに食べちゃってください」と差し入れをした大物女優さんに手渡された。

断りきれずに食べちゃった。

やはり、体形維持には強い精神力が必要だ。

穴だらけ

なぜかプレゼントで黒ひげ危機一発を貰った。

やることもない日の午後、家で一人黒ひげ危機一発に興じていた。対戦相手がいないと、いつ真ん中のおっさんが飛ぶのだというスリルがない。なかなか盛り上がらないので、そのうち、いかに早くおっさんを飛ばすかという目的に変わっていた。次こそは次こそはと念入りに剣を刺していくがおっさんはうんともすんとも言わず反応がない。何かに似ているなと思った。

このあいだ、大学生の漫才を何組も見るという仕事があった。みんな若いのにしっかりしていて完成度が高い。なぜ、こんなに若いうちから自分たちの形を見つけられるのだ、と驚愕した。そして、自分がお笑いを始めた時のことを思い出して恥ずかしくなった。

ぼくらはコンビを組んだ時、ボケとツッコミが逆で時事ネタをやっていた。ぼくが政治家の悪口を言い、相方がそれに「君、言い過ぎだよ！」なんてツッコミをいれる。ぼくはダリのような細いひげを生やし、世の中のことを鋭利な角度からガンガン突っ込んで暴いてやるのさ！　と完全に勘違いしていた。

しかし、お客さんがうんともすんとも言わないので、漫才コントをやり始めた。相方のツッコミは九割「やめなさいよ！」であった。

相方はキャラをつけるといって髪を逆立たせて竹ぼうきのようになった。ぼくは地味だ地味だと言われていたので金髪にした。ライブのお客さんのアンケートに「金髪にしてもムダ」と書かれていて凹《へこ》んだ。

それでも全くウケないのでコントをやった。

相方が出てくると客がボケの芸人だと思ってクスクス笑い、ぼくが出てくると「あ、こっちがボケなんだ」とざわざわしてるだけだった。

相変わらず何も起こらないので、「俺らにしか出来ないことを！」と高校時代アメフト部であったことを活かして、二人でアメフトの格好をして舞台上でただただぶつかっているということをやった。お客さんはぶつかった時の音に引くし、そして、何よりもヘルメットで顔が見えなかった。アメフトの防具を持って帰宅する時にぼくは首をかしげた。人を笑わそうとしているのか、みんなと違うことをやっていると言われたいだけなのか、わからなくなったからだ。

そうこうしていると相方がまた新しいキャラを考えたと言って、緑のモヒカンにして目の下に星印を書いてパンクキャラになって現れた。今だから言うが、とてつもなくまちゃまちゃさんに似ていた。そして、その日の唯一の仕事はラジオの仕事だった。

見た目は伝わらない。

そうやっていろんなことを試しながら、だんだん今のオードリーになっていった。今がベストな形かどうかはわからないけど、他人の樽からおっさんがバンバン飛んでいるのを横目に剣をたくさん刺した記憶はある。

そして、今の漫才の形が受け入れられた時、ようやくぼくの手元にある一つめの樽からおっさんが飛んだんだと思う。

今、ぼくの目の前には膨大な量の新たな樽が並んでいる。剣刺さなきゃな〜。なんせ穴だらけだから。とにかく刺して、穴の数を減らさないといけない。

結婚相手や、商品開発なんかも似たところあるのかな?

何かをして何も起こらなかった時、飛ぶ可能性は上がっている。

社会人四年生

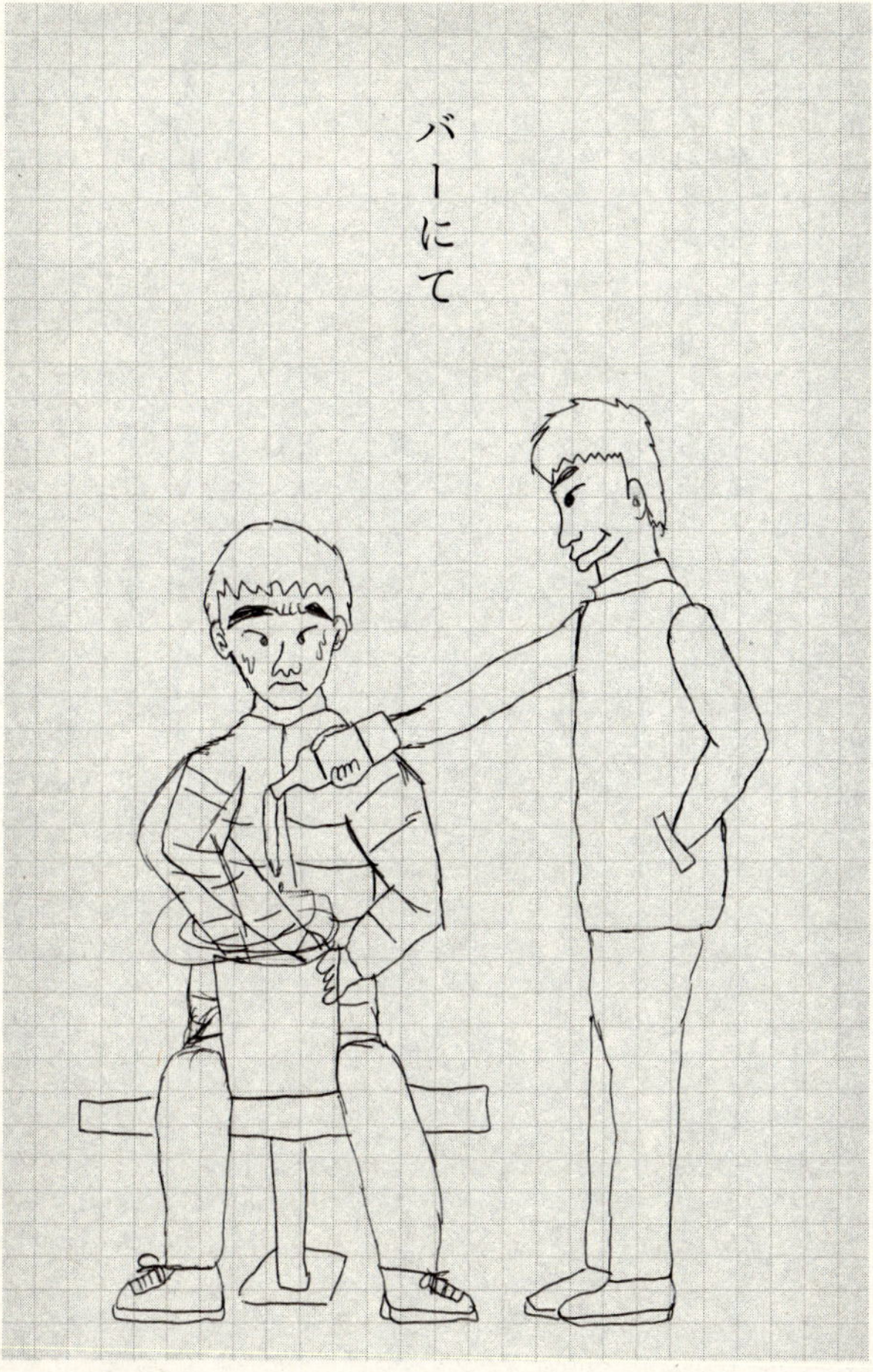
バーにて

最近、毎日晩酌をするようになった。自分でも意外でびっくりしている。それでも、相変わらず飲み会嫌いなのでほとんど一人で飲んでいる。なぜ、大勢で飲むのが嫌いなのかというと、三人以上で飲むと平均して二時間で三回ぐらい心に傷を負うようなことを言われてウッ！　となるから嫌なのだ。

理由はもう一つ、酔っ払うと妙に熱いことを言ってしまうので、次の日恥ずかしくて一緒に飲んだ相手と二週間ぐらいコンタクトを避けたくなってしまう。

一人でバーに行き始めた。最初はバーを警戒していた。一人で飲んでいると喪黒福《もぐろふく》造《ぞう》が隣に座って、ゆくゆくはドーン！　とやられるような気がしていたからだ。

その心配はなかった。

初めて一人で行ったバーは常連で賑《にぎ》わっていて、たくさん話し掛けられて、来年の春の花見に誘われて、マスターに芸のダメ出しをされて、それ以来、近付いていない。

静かなバーがいいな。とレトロな良さそうな店があったので入ってみた。蝶ネクタイに、口髭、絵に描いたようなマスターがぼくを迎えてくれた。赤ワインが飲みたくてメニューを指差し、「シャトー、ランシュ、バージュ。三つの中でどれが飲みやすいですか？」と聞いた。マスターは笑みを浮かべながら「こちら、シャトー・ランシュ・バージュで一つの銘柄となっております」と丁寧に教えてくれた。恥ずかしかった。やはり、まだぼくにはバーデビューは早いのかと焦った。だが、慌てていることを悟られたくない。ぼくはお腹に力を入れて「そうでしょうね」と答えた。

その赤ワインを飲みながら「従業員はマスターだけですか？」と聞いてみた。マスターは「女の子がいたらいいんですけどね。すいません、私だけで」と言った後、「少々お待ちを」と言って小雪さんのポスターをバーカウンターに貼り、「これで女性がいる気分になりますかね？　これじゃあ、コントになっちゃいますかね？」と言った。コント舐《な》めんじゃないよ。という気持ちもあったが「フフフ」と愛想笑いをしてワインの銘柄の件のお礼に代えた。

お酒を飲むまでは、毎晩の散歩が日課だった。歩いて夜の公園のベンチに座ってあーでもない、こーでもない、と空のバケツに手を突っ込んで全力でかき混ぜるように考えていた。

だが、今は物事の結果や誰かの言葉をお酒でうやむやにしている。で、寝ちゃう。譬《たと》えるなら、モラトリアムの時期は一発勝負の短距離走を戦っていたように思う。でも、今はマラソンなんだ。マラソンにペース配分は必要不可欠だ。百メートルずつの結果に、全力で反芻《はんすう》していたらトータルで良いタイムが出ないんだよ。

「最近、飲むようになったんですよ」と言うと仲の良い人が「へー」と微笑んでくれる。走り方がわかってきたな。と思ってくれていると捉えてよろしいですか？

夜の公園でバケツをかき混ぜている君、贅沢《ぜいたく》だね。

新橋《しんばし》の人たちの背中を尊敬できる。近頃、若者という言葉に自分が完全に含まれていないことを確認している。

後輩と初めてのお出かけ

三十三歳ともなると後輩が増えてくる。

所属事務所の芸人の先輩は五組、後輩は約四十組ぐらいいる。そのうち三十組ぐらいは話したことがない。

今までは先輩と飲みに行くことの方が多かった。やたらにいろんなことを質問して、まだまだ甘ちゃんだなー。と言われたりして、へへへ、と笑ってるのが根っからの弟気質のぼくの常だった。

そんなぼくにとって後輩は先輩より怖い。接し方がわからない。

今年、後輩の手によって自分の誕生日会が行われる気配を感じた時、ぼくは瞬時にその計画を潰した。手を拳銃の形にして指先を計画主の背中に突き付け「余計な動きはするな」と耳元で忠告した。自分の誕生日に集まった人たちの顔を見て、安心して甘えた顔をしているところを誰にも見られたくなかった。それが誕生日会を開いてご機嫌な顔をしている人よりも高い自意識であることは承知だ。

だがしかし、最近後輩から「たまには飯誘ってくださいよー」なんて言われるから挑戦してみた。後輩に飯を奢る機会を持たないことがなんとなく後ろめたかったから。

勇気を出して近所のアパートで三人暮らししている芸人の後輩をボウリングに誘っ

た。メールの文面も先輩風が吹いていないか慎重に確認して送った。

「急にボウリングがしたくなったんだけど、どうかな？」

本当はちょっと前から後輩をボウリングに誘ってみよう計画は自分の中で進行していたが、ライトにするために急を装った。

すると後輩から携帯に着信が。

「若さーん。今、三人で暇してたんすよー。ボウリング連れて行ってください！」

ぼくが、誰かをどこかに連れて行くことは、一年以上前に母ちゃんをニトリに連れて行った時以来だ。

「あっそー、今ちょうど車を運転してるからさ家の前まで行くよ」

本当は自宅にいた。後輩を家に呼びつけるなんて参勤交代のようなことはぼくには出来ない。

「え、いいんですか？　なんだか申し訳ないです」

そっちの方が気を遣わなくて済むんだ。

後輩の家の前についた。ここで予期せぬことが起きた。大変だ。なんと後輩が家の前に三人で立って待っていたのだ！　初冬の冷えた夜だった。

人に出迎えられたのは中学の時行った家族旅行の旅館以来だ。

ハンドブレーキを引く手が震えた。

「そ、外で待っててくれたんだ、わりぃね」

悪いね。より、わりぃね。の方が慌ててない感を出せると踏んだ。

「こちらこそ、わざわざ迎えに来ていただいてありがとうございます」

なんて、ちゃんとしているんだ！　芸人にしておくのが勿体ない。ホテルマンになるべきだ。

道中の車内では、ぼくが夜ちょくちょくボウリングをしたくなる衝動に駆られるという嘘の話で盛り上がった。

着。ここでまたもや予期せぬハプニングに見舞われる。なんと！　ボウリング場が閉まっていたのだ！　ちょっと前まで朝までやってたのに業績不振で営業時間が短縮されたらしい。こんなにもリーマン・ショックを恨んだことはない。関係ないとは言わせない。

仕方なく、ファミレスに入った。なんとなく場の温度が下がっているのを感じた。

そこでぼくは、フードを頼まずにオーダーをドリンクバーのみにして話題を作り、話を振り場を盛り上げることに専念した。

一人は芸歴が一年半後輩で十年親交のある芸人だが、残る二人は、二十三歳と二十四歳の若者でほとんど話したことがなかった。

怖い。怖すぎる。
二十三、四歳といえば万能感と若さ故の可能性を体に溜め込んでいることにより先輩を先輩とも思わないニュージェネレーションに違いない。教育テレビの若者同士で語り合う番組に出ているめんどくさい奴みたいなテンションで来られたらどうしようと警戒していたけどいらぬ心配だった。礼儀正しくて、ピュアな若者だった。
その時気付いた。

ぼくが目の前の後輩に投影しているのは後輩と同い年の昔の自分じゃないか。先輩を先輩とも思わなかった世間知らずは当の自分だった。

次の瞬間、ぼくはハンバーグ&エビフライ定食を頼んだ。

帰り道、一年半後輩の芸人に聞いた。俺、説教とかめんどくさいこと言ってなかったよね?

「言ってなかったすけど、風呂で股間を隠す奴はダメ説の熱弁面白かったです」

顔が熱くなる。

いっそのこと、若者の気持ちなんか一切理解しようとしない堅物を目指そうかな。

先輩に相談してみよっと。

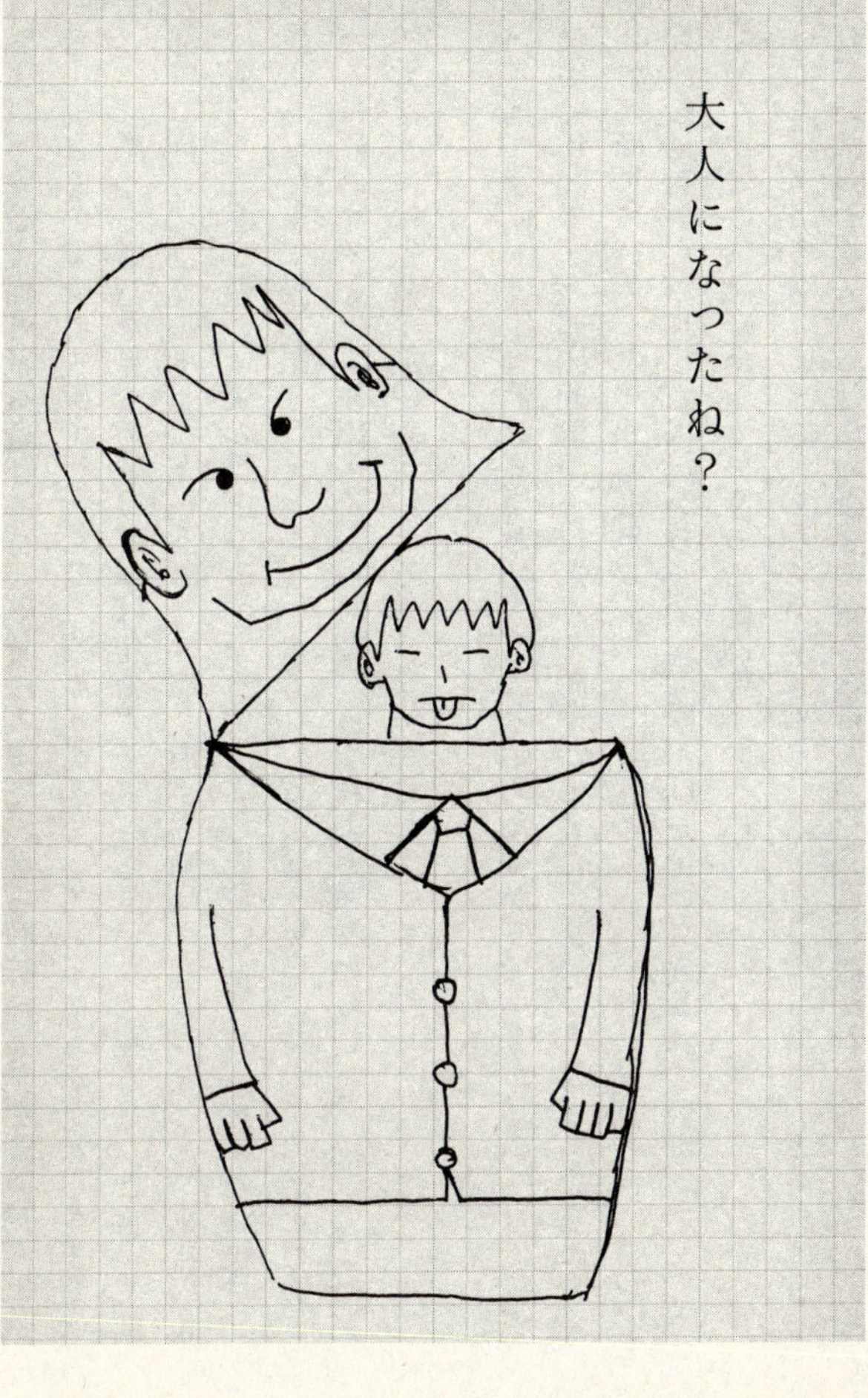
大人になったね？

お正月、先輩夫婦の家へ遊びに行った時に、奥さんから興味深い話を聞いた。

昔、奥さんの実家に夫婦で行った時、親族が勢揃いしているにもかかわらず先輩はソファに座って虚空を見つめ続け、挙げ句の果てに「僕眠いんで寝ます」と言って別の部屋に行って寝てしまったというのだ。帰り道、大喧嘩になり「じゃあ、来年の正月は明るくて感じのいい娘の旦那やってやるよ！」と先輩は宣言し、翌年のお正月、親族にふんだんに話を振り、ツッコみ、オトし、宣言通り見事にやってのけたという。奥さんは感心するとともに出来るなら最初からやれよと呆《あき》れたらしい。

でもぼくには先輩の気持ちがわかるような気がした。


三年前、オードリーはテレビのお仕事を頂き始めたばかりで「今が旬の」なんて謳《うた》い文句で年間のテレビ出演数が一位なんて時期があった（あぁ、そんなことをようやく書ける時期に突入したのかもしれない）。

誰にも見向きもされない状況から一変してぼくは完全に翻弄《ほんろう》されていた。

ＣＭが決まり会議があるというので都内のホテルに向かった。

お偉いさんが勢揃いしてぼくの目の前には高級そうなコーヒーカップかなんかが置かれていた。そして、ＣＭ用の漫才の台本がぼくの目の前に置かれた。

他人が書いた漫才の台本を見るのは初めてだった。

当時、自分の唯一のアイデンティティだと妄信していた漫才がいとも簡単に侵略されるような気持ちになり、それはそれは見事に特徴を捉えた台本ではあったが、一通り目を通したぼくは開口一番「これちょっと違いますね」と言って顔を上げた。

すると、大人（経済の中で滞りなく生きていけるスキルを持つという意味で）の視線が一斉にこちらに向いたのを感じた。

ぼくは、何か重大な失言をしてしまったような気がした。村上龍さんの著書『限りなく透明に近いブルー』の「鳥」とはこのことか？　と思ったのを覚えている。

その時はまだその発言により生じる責任や、単純に言い方というものを知る由もなかったのである。

連日のように続く写真撮影でも、「笑って」と言われても楽しいこともないのに笑えるかよ。と今やロックバンドのメンバーでも言わないようなことを本気で思っていた。発泡スチロールでできた星を翳《かざ》りながら笑ってと言われ戸惑っていると「ほら！　自分をアイドルだと思って！」と言われスタジオにはゲラゲラと笑い声が響き、ぼくは怒りとも辟易《へきえき》ともつかない感情を腹の底に押し込め、偽物のスターを翳るのであった。

もちろん憧れのスーパースターに会ったり楽しいことも目一杯あった。

そんな日々、仕事量よりも幼稚な自意識が揺さぶられ続ける毎日にぼくは疲れていた。

深夜の帰り道赤信号で止まっていると、眠気に耐えられなくなり原付に跨《また》ったまま道路で数十分眠ってしまっていた。

やってらんねぇよな。全然やってらんねぇよ。と日比谷《ひびや》公園の芝生に横になってこのまま朝を迎えようと思った。

あー、めんどくさい。俺はもう星も齧るし、大袈裟《おおげさ》に笑ってやる。己の矜持《きょうじ》のようなものを徹底的に雑に扱ってやると決心した。ぼくが憧れていたスーパースターはみんなきっとそうしないだろうが、だってもう、めんどくさいから。

家に帰ってカバンの中の談志《だんし》師匠のブロマイドを引き出しの奥のほうにしまった。

やってみると道が開けて楽しくなることを知るのはそれからずっと後のことである。

つまり最近である。

近頃、こんなぼくでも成長したね。とか、大人になったね。と言ってもらえる。中し訳ない気持ちになる。

「申し訳ない気持ちになるんですよ。側が変わっただけで本音は何も変わってないから」とおせちをつまみながら先輩に言うと、先輩は「それさ、バレてるから大丈夫だよ」と手を叩いて笑った。

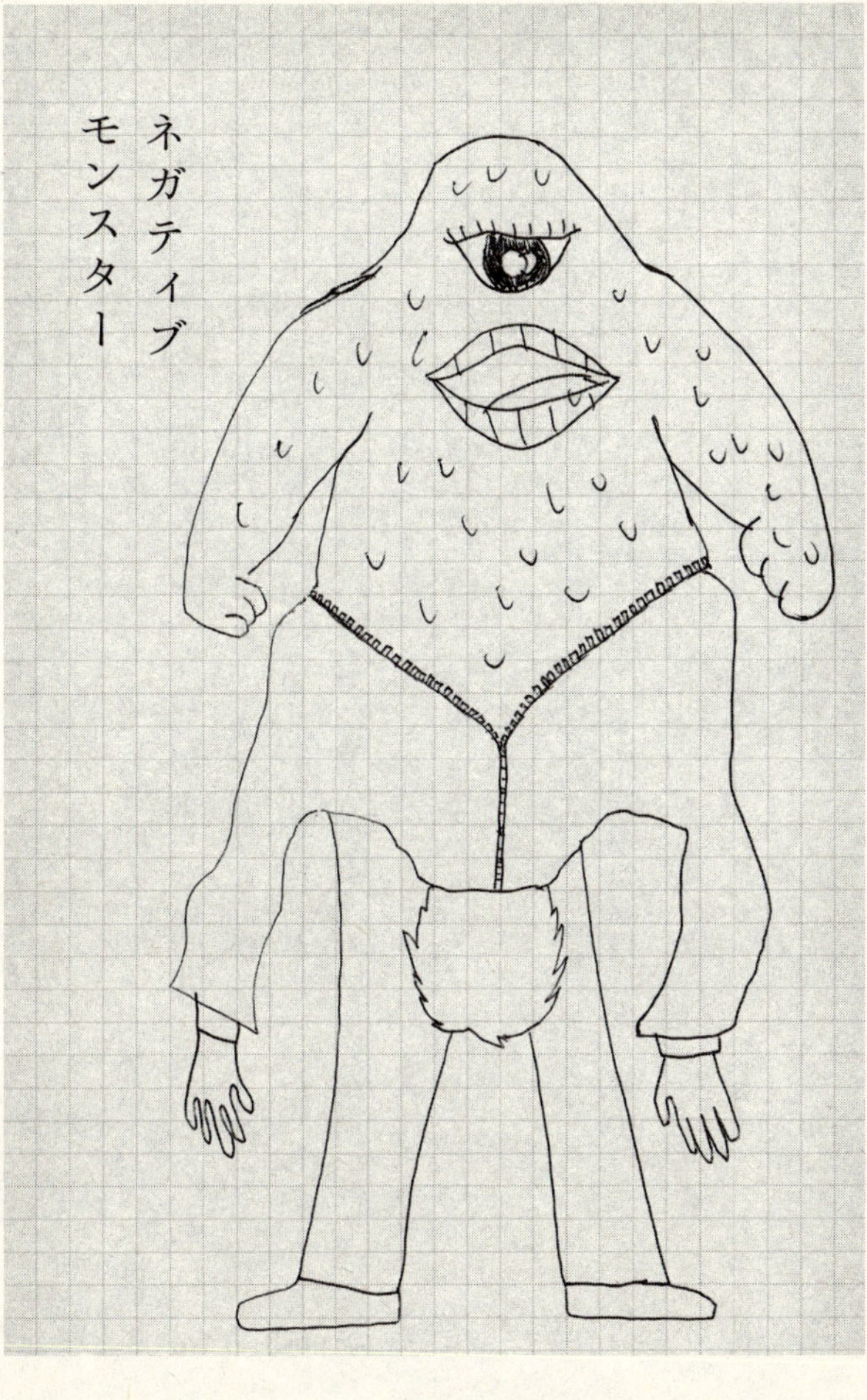
ネガティブ
モンスター

毎年お正月に連休を貰える。

今年は芸人仲間と四人で箱根《はこね》に行った。東京の日常生活とのクラッチを切って温泉に入って何も考えずリラックスするつもりだった。芸人仲間と温泉に入っては部屋に戻り、ダラダラしてまた温泉に入るという贅沢極まりない時間を過ごしていた。

何も考えないでぼーっとしたくなって、一人で温泉に向かった。

最初は「露天から見える竹林が綺麗だな」と大変気持ちが良かった。しかし、しばらくすると「そういえば、あれはいつまでにやんなきゃいけないんだっけ?」とか「こんなことしてていいのか?」と展開し「この先どうなっていくんだろう?」とネガティブの底に向かって思考は真っ直ぐに下降していた。

おいおい、嘘だろ。

こんなことを考えたくないから箱根に来たんだよ。

しかし、温泉を堪能《たんのう》しようとすればするほど休暇中の温泉でホッとする自分。という役柄を演じているような気になった。慌てて風呂から上がった。

深夜、もう一度確認の意味も込みで、一人で温泉に向かった。しかし、やはり心配事が心の底から泡のように上がって来て温まっていく体とは裏腹に心は冷えていくのだった。

よく旅行会社かなんかのＣＭで温泉につかって遠くを眺めて、その後、街を歩いていると地元の少年たちが駆け抜けていって「よし！」なんて独り言を言ってリフレッシュして東京に戻っていく。なんてノリの旅行を思い描いていた。

まさか箱根にまで心の内に生息しているネガティブモンスターがついてくるとは思わなかった。心の内にいるんだからついてくるか。東京で悩んでいる人間は箱根でも悩む。

あのＣＭ、詐欺だな。

物心ついた頃から「考え過ぎだよ」とよく言われる。

最近では、付き合いが長い人に「何度も言われてるとは思うけどさ」と前置きのジャブが入ってから「考え過ぎだよ」と言われるようになっている。

考え過ぎて良いことと悪いことがある。ぼくの場合は考え過ぎて悪い方向に行っている。ということだろう。避けれない。

みんなはなんで考え過ぎないで済むんだろう？　どうすれば考え過ぎなくなれるのか？　と、今度は考え過ぎない方法を考え過ぎていた。

会ったことはないが、祖父が何千冊とある本棚の本を二階から庭にどんどん投げ捨てて燃やし、理由を問い質《ただ》すと「まだ一冊の本も読んでいないから」と言ったというエピソードを聞いた時にぼくは笑うと共に「考え過ぎ」の隔世遺伝を覚悟したのである。

ぼくは箱根の温泉の露天風呂でネガティブモンスターと再会した時に久しぶりだなと思った。その時に気付いた。このモンスターは時間が弛緩《しかん》して一人でいる時、つまり暇な時に限って現れる。だから、二十代の時は毎日のように一緒にいた。仕事がなかったから。

暇と飢えと寒さが人をネガティブにする三大ブランドだと聞いたことがある。ならば、若手芸人はネガティブのセレブだ。

緊張を解消することがぼーっとすることだと思っていたので、温泉でネガティブになったことに驚いた。そういえば、遥か昔、大学生の頃一人旅で伊豆《いず》に行った時に砂浜でえらく退屈して暗い気分になったことを思い出した。奴らに出会わない方法として、距離や日常生活とのクラッチを切る。ということはあまり有効ではなかった。ゆったりとした時間はかえって奴らに付け入る隙を与える。何かに没頭して時間を圧縮して入る隙を与えないのだ。

知り合いの作家さんの奥さんが、深い悩みに囚《とら》われた時に家中の掃除をするという話を聞いたことがある。あれも、没頭によってネガティブを体外に排出する行為ではないだろうか。

温泉から上がって旅館の部屋に戻るとみんなが盛り上がっていた。二人でお尻に割り箸を挟んでチャンバラをして相手の割り箸を落とした方が勝ちという通称「ケツチャン」という即席の競技が行われていた。

その時にネガティブモンスターは現れなかった。

腰を振って割り箸を相手の割り箸に上手く当てることに集中していたからだ。

ぼくは東京に帰ってから没頭ノートというものを作った。ネガティブモンスターに捕まりそうになった時のために、没頭できるものを用意しとくのだ。ドラキュラが現れた時に、十字架をかざすように。

没頭できそうなことを書き連ねた。読書、競馬、アメフト観戦、ネタ作り、ジェンガ、生姜《しょうが》焼きを作る、トイレ掃除、乗馬。書き連ねているとあることに気付いた。ギャンブルはよくない。ネガティブを滅ぼすと共に身も滅ぼす。ゲームはこれが所謂《いわゆる》ネトゲ廃人というやつの出発地点だろう。出来れば体や心に良いもの。その上が、仕事の役に立つこと。といったところか。ちなみに、「乗馬」はやったことがない。やってみたい。

これまでぼくは起きもしないことを想像して恐怖し、目の前の楽しさや没頭を疎《おろそ》かにしてきたのではないか？

深夜、部屋の隅で悩んでいる過去の自分に言ってやりたい。そのネガティブの穴の底に答えがあると思ってんだろうけど、二十年調査した結果、それただの穴だよ。地上に出て没頭しなさい。もし今、大学一年生だったらみんなと一緒にバーベキューに行けた気がする。


ぼくは最近、没頭ノートを使いこなし悩みの深みにハマらなくなった。毎日のように聴いていたカート・コバーンの歌声が響かないことが嬉しくもあり。寂しくもある。

さよならネガティブモンスター。お前とは遊び過ぎた。飽きた。でも、たまには遊んでやるよ。すぐ帰るけどな。

ネガティブを潰すのはポジティブではない。没頭だ。

真社会人

社会人のルールとマナー

四月から始まる番組が、ネタやトークを二人だけでやる番組なのでテレビ局の会議というものに一から参加している。

出演者が会議に参加する番組は今ではほとんどないらしい。会議に参加してみて、番組がどのように作られているかについて自分がいかに無知であったかを痛感した。最近知ったことだが、テレビ局には会議室がたくさんあるフロアがある。どの部屋でも深夜まで会議が行われていることにびっくりした。会議室があるフロアは普段出演者が居ない場所らしく、トイレまで歩いたりしていると、普段お世話になっているスタッフさんにバッタリ会う。すると必ずと言っていいほど「あれ？　こんなとこで何やってるの？」とビックリされる。

すれ違ったスタッフさんに「へぇ〜、会議出てるんだ。どこの部屋？」と聞かれ、部屋を伝えると「ウソ！　隣じゃん！　さっき若林くんの番組のアンケートがイマイチだって話してたの聞こえた？」と言われ、「聞こえなかったけど、今それ言われたら聞こえたも同然でしょ！」と言うと、スタッフさんは「本当に悪口言ってたからね〜」と言いながら隣の部屋の会議室に吸い込まれていった。

初めての会議の日にぼくは緊張していた。

自分の意見がちゃんと言えるだろうか？　生意気なことを言っちゃって誰かに怒られるんじゃないか？

会議室に入るとスタッフさんが何人か先に到着していた。ここで、最初の難関がぼくの行く手を阻む。一体、どこに座ればいいのかという問題だ。

ぼくは考えた。

一番偉い人がホワイトボードとみんなを見渡せるここの席だな。で、偉い人の横があの人の席だろ、で、板書する人がここだろ。うーん、どこだ？　迷う。こんなことなら本屋の平積みで見かけた「社会人のルールとマナー」という本を買っとけばよかった！　なんてことを考えてたらスタッフさんに「若林くん、どこ座ってもいいよ」と言われ、試行錯誤は徒労とあいなった。

と、作家さんが到着して机の真ん中にお土産のお菓子を置いた。場が盛り上がった。まさか！　お土産を持ってくる文化があるのか⁉

会議で自分がどう振る舞うかばかり気にしていた。こんなふうに人を思いやる優しい気持ち、いつになったら手に入るのだ！　神様、来世ではぼくに利他主義を標準装備してください。

次回、成城石井のベジタブルチップスを買ってから会議に向かう決心をした。

会議が始まってある法則に気付いた。

アイデアを出して「悪くはないんだけど……」や「わかるんだけど……」といった具合に、「だけど……」がついたらそれは「ボツ」のサインだ。みんな、大人だから直接的な表現は使わない。それにいつ気付いたかというと、作家さんが出したアイデアに対して「それだと共感されないんじゃないですか?」とぼくが言った瞬間、スタッフさんに「若林くん、もうちょっと言葉選ぼっか」と言われ、みんなに笑われてしまった時だ。そのみんなの笑い方に積み重なった共感が読み取れた。配慮がたりない自分を恥じた。その後、「共感されないんじゃないですか?」という直接的な表現は避けて「すごくいいんですけど、もしかしたら共感されない可能性もなくはないですよね~。そう思うのはぼくだけかもしれないですけど」と言った。

すると、先程のスタッフさんが「若林くん、ディフェンスがトリッキー過ぎて攻撃になっちゃってるよ」と言い、ぼくはその日二度目の赤面を記録した。

みんなそれぞれに自分の感覚を信じているからこそ、そのプライドに対しては慎重に接しなければいけない。

男のプライドとはそれ程繊細なものなのだ。

だが、それを意識し始めた途端、発言が極端に減った。あるアイデアが浮かんだ時、スタッフさんと真逆の意見であるがために言えないまま帰宅した。そのアイデアが気になってしまい、同年代の作家さんに電話して「こういうのはどうっすかね？」と聞いたところ非常にいいアイデアだと褒めていただいた後、こういう電話は好ましくなく、できるだけ会議で言った方がいい。派閥を生んじゃうことがよくあるから。とアドバイスを受けた。

絶対「社会人のルールとマナー」を買おうと思った。

会議中一番盛り上がるのはやはり良いアイデアが出てみんなの笑い声が響き渡る時だ。議題が行き詰まって全く進まなくなった時に、みんなでアイデアを出し合って見事に通り抜けた時なんかは一種のカタルシスがある。暗いトンネルを掘り続けてようやく向こう側に繋がったかのような気分だ。

やっぱり「社会人のルールとマナー」を買う必要はないかもしれない。みんながトンネルの向こう側を信じているならば、ルールとマナーはそれに沿えば間違いないはずだって思うんですけど、そう思うのはぼくだけかもしれないですけど。

好きって言っていいですか？

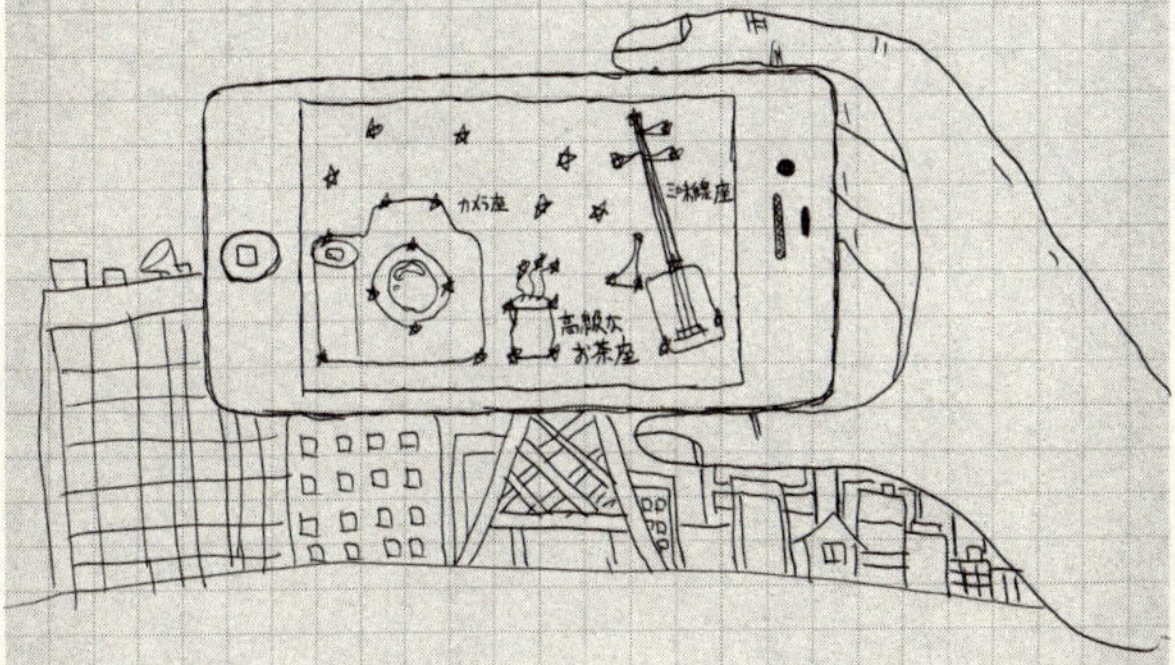

番組の企画会議で、街で見かける悦に入っている人を挙げてみようということになった。

するとオープンカフェで自慢気に洋書を読んでいる人、やたら浮世絵を語る人、「テレビ見ないんだよねー」という人と、次から次に意見が出て「いるいる!」という共感を得ている。

その時、ぼくはというと「い、いる、いる〜」と、同調している振りをしつつも冷や汗をかきまくっていた。今まさに笑いの対象にされようとしている人の側に自分が確実に含まれるからである。


テレビの仕事をもらい始めた頃の話。

それまでと違って営業やロケなどで地方に行くことが多くなった。それまではろくに旅行など出来ないような身分だったので、行った先で見る景色に感動し携帯で写真をよく撮っていた。その後、一眼レフのカメラを購入し、写真をプリントアウトして日付を入れて楽しんでいた。

ラジオの仕事の空き時間。一眼レフの中の写真のフォルダを整理していた。するとスタッフさんに「何してるんすか?」と声をかけられ事情を説明すると写真を見せてくださいと頼まれた。嫌な予感はしたがスタッフさんにカメラを渡した。フォルダの中にはロケ先で撮った写真、カメラマンの友達に教えてもらった光の具合を調整して木目を浮かび上がらすように撮ったコインランドリーの写真、あえて暗めに撮った工事現場の写真。などなど一眼レフ初心者にありがちな写真が、ラジオのトークでは聞いたことがないような大爆笑をかっさらったのである。

スタッフさんに「若林さん！　これ写真展やりましょう！　絶対、ウケますよ！」と言われた。ひとつ言っておくと、ウケるために写真を撮っているつもりは全くなかった。だが、実際に写真の一枚一枚にタイトルを付けさせられ「オードリー若林正恭ぶってる写真展」という名前で写真展は開催されて大盛況だったのである。

裸で晒し者にされた気分であった。

そんなことがあって、こういった趣味がバレると笑いの対象になってしまうこともあるということをようやく学んだ。

その他にも自分の知らなかった感覚を知る経験は沢山あった。

お金を持っていない時期にテレビで高級グルメとか、有名人の豪邸に行くロケとかを見ていると自分の生活を否定されているような気持ちになるから全然見ていなかった。とラジオで言うと、リスナーから「若林さん、テレビ見てなかった。とか言うと、俺は人と違うんだぜ。って言ってるみたいでイタいからやめた方がいいですよ」というメールが来た。

それが正しいかどうかは別として、そんな感覚があるんだな。ということをラジオを通して知ったのである。

そういう現在性のようなものを人は交友関係やメディアから得るのであろうが、当時そのどちらもなかったぼくは浦島太郎のような状況に陥っていたのである。

そういう感覚が正しいとは思わない。

だったら、俺は俺だ。と気持ちを強く持てればいいのだが、ぼくの場合、そういった感覚でもって笑われるのが恥ずかしくてしょうがない。

そんな話をラジオのスタッフと飲みの席でしていたら、なぜ、そういう人が笑いの対象になってしまうのだ？　という話になった。

実際、変わった趣味や人と違う感覚をひけらかして悦に入っている人がいるから、本当に好きな人や本当にそういう感覚を持っている人も割を食っているという結論になった。ま、それは正直あまり問題ではない。

どこまでがセーフでどこまでがアウトなのかを知っていたいのだ。

例えば、ぼくは最近携帯を夜空にかざすと、そこに見えるであろう星座が画面に表示されるアプリを見ながら散歩していると言うと、一緒に飲んでいたスタッフの「アウト！　アウトー！」という声が居酒屋の個室に響き渡った。そんなことをやり始めたら、笑われるであろうから隠している自分の趣味や行動がみんなの口から次々と出てきた。

浮世絵の図版を眺めながら高級なお茶を飲んでいる。「アウトー！」

クラシックと三味線しか聴かない。「アウトー！」

落語を語る。「アウトー！」ちょっと待て！　そこは譲れないよ。「アウト！　アウトー！」

アメフトの試合を見るのが好き。「セーフ！」いや、どういうことなんだよ。

どうやら、「こんな趣味や行動してる俺、どうですか？」という匂いがするかしないかがラインらしい。本気かナルシシズムかどうかを問わずしてだ。そのラインはすごく曖昧《あいまい》だし、とてつもなくくだらない。しかし、自覚的か無自覚かはスムーズに日常生活を送るうえで大事なことらしいのだ。本当はそれもくだらない。でも、気になる。

そんなことをぐるぐると考えていたら、このあいだインタビューで「普段、どんな本を読むんですか?」と聞かれた時に、本当は純文学と新書しか読まないけど、力の抜けた感じを演出したくて「普通に話題の本とか売れてるヤツです」と答えた。「例えばどんな本ですか?」と追撃をくらい、すぐに撃ち落とされた。

この時は正直に答えていい時。

時と場合で、自分の趣味や感覚を押し引きする。

好きなものは好きでいいじゃない! そうはいかない。

好きなものを好きでいるために、自分の感覚に正直でいるために場を選ぶのである。

現在性に納得できない人間に有効なのはゲリラ戦なんだ。

辞めた芸人

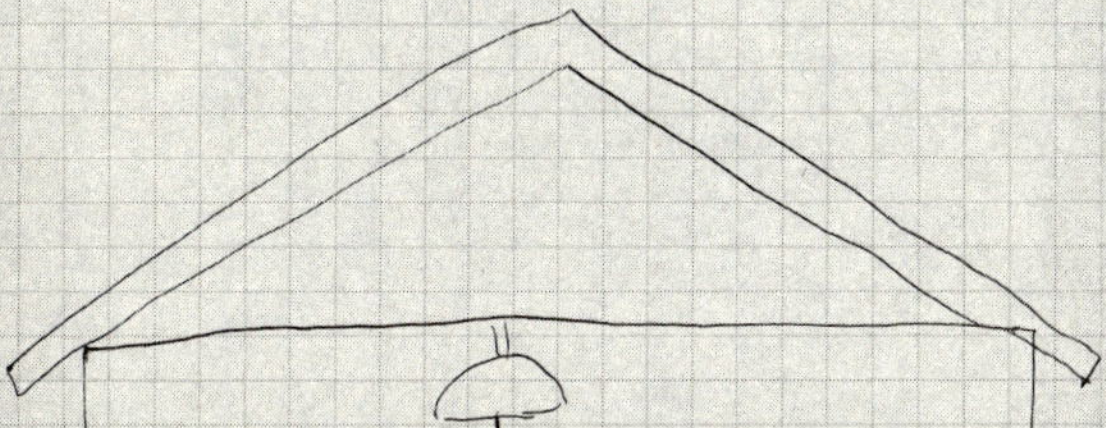

芸歴十二年ともなると、お笑いの世界から足を洗った仲間をたくさん見てきた。

このあいだ大阪に行った時に、五年前に芸人を辞めた友人に会い、居酒屋で二人で飲んだ。

友人は保険会社に勤めていて、結婚もして子どもも生まれて風貌はすっかり立派な社会人パパになっていた。話は芸人を辞めてからの辛い瞬間の話になった。

その男曰く、通勤中の電車に揺られて中吊り広告なんかをぼーっと眺めていると、ふとした瞬間に漫才やコントのネタを思いついてしまうことがあるらしいのだ。

そうなると、頭の中でネタの構成は進んで行き、よし！　これならウケるぞ！　と思った時には相方もいなければライブにも出られないという現実が待っている。そういう時は家に帰ってからもそわそわするようで、嫁の目を盗んで誰もいない部屋でボケとツッコミの一人二役になって先程閃《ひらめ》いたネタを試しにやってみてしまうらしい。そして、背中に強い視線を感じて振り返ると五センチ程の隙間から嫁が覗いていて、目が合うと「あんた、まさか芸人に戻るなんて言わないわよね」とドスのきいた声で問われるらしいのだ。

「嫁は嫁で芸人の時から付き合ってて苦労かけてるから、やっと家庭らしくなってきたのに芸人に戻るなんて言われたらたまったもんじゃないんでしょうね」と言って笑っていた。

「若さん、お笑いライブみたいに二百人ぐらいのまとまった笑い声を聞くことは普通の生活してたらまずないですよ。あの笑い声は中毒性が強いです。無性にまた味わいたくなる瞬間が発作のようにやってくるんです」と元麻薬中毒者のような語り口で話した。そして、芸人を辞めてからも嫁に内緒で一般の人も参加できる漫才のコンテストに会社の同僚を誘って毎年出ていることを白状した。

ぼくも、何度となく芸人を辞めることを考えた人間だけれど、もし辞めた時は芸人をやっていたことをひた隠しにし、芸人とも会わないし、自分の過去から抹消して生きて行こうと決めていた。だけど、辞めたら辞めたでそういうものなのかなと友人の話を聞いていて妙に納得した。

この話を、また別の芸人を辞めた友人に話していたら「実は俺も……」と辞めてから昔の知り合いに頼んでライブに出たことを告白した。

別の奴は、インターネットでラジオをやっていて、それを聞いている人を定期的に公民館に集めてネタを披露していることを話した。

なんて往生際の悪い奴らだ！　という気持ちもなくはないが、ぼくも何度となく芸人を辞めることを考えたことがある身、真っ向から非難することはできなかった。みんな口を揃えて言うのが、大勢の人間の笑い声には中毒性がある。ということだった。

このあいだ、精神科医の人と話をしていてお笑い芸人を目指す人の特性について聞いた。即答で「人間不信でしょうね」と言われた。

笑うという反応は人間の中でも嘘のつきにくい反応なのだそうだ。

「若林さん、例えばお芝居に出たとして、終わってから楽屋に挨拶にきた人が『いいお芝居でした！』と言ったら信用できないでしょ？」と聞かれた。ぼくは「はい、信用できません」と素直に答えた。「じゃあ、お笑いライブでウケてたら信用できるでしょ？」と問われ、「はい」と答えた。スベった時の静寂も信じられるけど、という言葉は飲み込んだ。

「それを求める人がお笑い芸人を目指すんじゃないですか？　だから、クラスの人気者とかイケメンとかで満たされている人に面白い人いなくないですか？」と聞かれ、それだけではないだろうけどと感じつつも妙に納得してしまったのである。

ぼくは、去年『芸人交換日記』という舞台で真面目なお芝居をずーっとした後、最後に漫才をやったのだが、漫才をやっている時にお客さんの笑い声を聞いて圧倒的だなと驚いた。

それは、反応への実感性と信用度だ。

大阪の夜、帰りのタクシーに乗ろうとしている時「本当、今すぐにでも代わってほしいぐらい羨ましい職業してるんだから、ちょっとやそっとのことで弱音はくなよ」と飲んでいる間弱音をはいていたぼくは説教をくらった。

弱音はかせてくれないかな？

笑い声を聞いた時の承認されるという快感も圧倒的だろうが、反応がなかった時に否定されるというショックも圧倒的なんだ。

お前なら、それもわかってくれるでしょ。

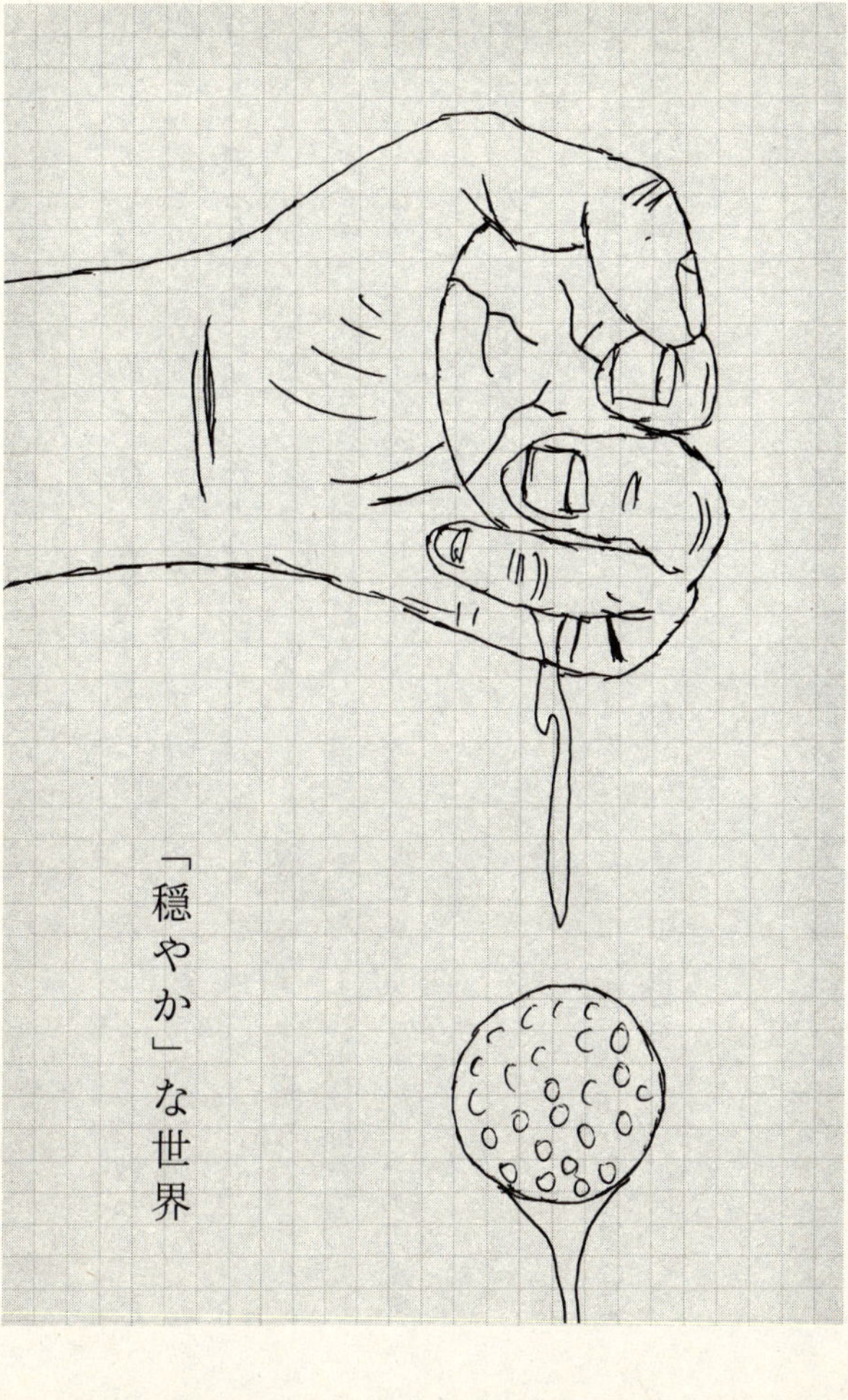

「穏やか」な世界

昔から「人の話をちゃんと聞きなさい」と怒られることが多い。

最近ゴルフの打ちっ放しに行くようになった。同行した人にスイングを教わる。最初はちゃんと聞いているのだが次第に集中力が切れてきて、最終的にはそれがぼくに合うとは限らないからな。とほとんど聞いていない。

グリップは卵を持つように柔らかく、でもミートの瞬間だけグッと握る。と言われても、まあたくさん打ってれば自分の打ち方が見つかるだろうと適当に打ち始めてしまう。で、数ヶ月経ってなんとか打てるようになった時に「あぁ、あの時あの人が卵を持つようにって言ってたのは本当だったなぁ」と思い出し、アドバイスをしっかり聞かなかったことを反省するのである。

「この先に落とし穴があるよ」と言われても「それはあなたの道でしょう」と気に留めず、自分が落とし穴に落ちてから「あ！　あの人の言う通りだった！」と気付く。

我見が強いのだ。

天才なら我見が強くても自分のスタイルを貫いて結果を出すだろう。でも、ぼくの場合は我見からスタートして結局通念に着地する。で、全部ぼくの間違いでした。と反省する。そんなことがぼくの人生にはすごく多いのだ。

ぼくはお金を持っていない頃、家でテレビを見ていてやたらに高級料理なんかの特集が放送されていると「飯に困らない国の道楽だな」と本気で呆れていた。

しかし、最近親孝行でもしようと魚料理が美味しいという店を知り合いに教えてもらって両親を招待したところ、大変に満足していつにない上機嫌で帰って行った。

その様子を見ていて、美味しいものの力とはすごいものだなと感心した。仕事の現場に差し入れなんぞをしてみると「若林さんの差し入れ美味しいですね。どこで売ってるんですか？」と人見知りのぼくでも話しかけていただいてなかなかに盛り上がったのである。

これも、美味しいものの力。

料理人のドキュメンタリーを見ていて「食べる人の笑顔が見たい」というようなコメントを聞くが、初めて実感した。美味しいものは人の境涯を上げて、楽しい会話を引き出し思い出に残る。

飽食の国の道楽だなんて言ってごめんなさい。みなさんの言う通り美味しいものって素晴らしいです。

小学六年生の頃、当時は受験戦争という言葉があった。ぼくは進学塾に通っていて夜中の十一時まで塾で授業を受けていた。

授業の前に塾の方針で「百パーセントの力を尽くせ！　そうすれば本気になる！　本気になれば力がつく！　力がつけば自信がつく！　自信がつけば合格する！」なんていう随分長い標語をみんなで叫んでいたりした。

なぜこんなに躍起になって勉強しなければいけないのか？　塾の先生に聞いた。聞く所によると、この戦いに勝てば勝つほど人生を有利に送れるという。

その頃、ぼくは杉並《すぎなみ》区から中央《ちゆうおう》区まで電車通学をしていて毎朝満員電車の中にいた。周りの通勤する乗客を見て、「おいおい、勝った先がこの毎日かよ」と呆れてどこかでコースアウトしてやると虎視《こし》眈々《たんたん》とタイミングを窺《うかが》うようになった。

高校生の頃には授業をサボっては朝からファストフードに入り浸り、一体なぜ俺が微分積分を学ばなければならないのだと考え込み、犬が自分の尻尾《しつぽ》を延々追っかけているような、今考えるととてつもなく無駄な時間を過ごしていた。

最近、打ち合わせに参加させてもらう番組で、企画が頓挫《とんざ》しそうな時に、いわゆる高学歴のよく学んできたスタッフさんは問題の壁に対して前、後ろ、横、斜めと様々なアプローチを試みる。

やはりよく学んできたからか、ものを考える基本的な力がそなわっているように感じた。

ぼくは質問した。「学生の頃、なぜ勉強しなければいけないか悩みませんでしたか？」

「え？　そういうもんだと思ってたから、悩んだことはないなー」

愕然とした。何か自分に足らないものを見せつけられたような気がした。

勉強はやっぱりしておいた方が良かったんだろうな。みんなの言う通りでした。ごめんなさい。

ゴルフの卵も勉強もそうだ。なぜ、ぼくは人の言うことを素直に信用することができないんだろうか。

写真を撮られる時は笑顔の方がいい。

学園祭は参加しといた方がよかった。

ブランド物は確かによく出来ていて長持ちする。

ポジティブはネガティブよりこの世界を生きて行くことに向いている。

人見知りだなんていって家に閉じこもってないで、いろんな人と会った方がいい。

このコラムの初めの方で、趣味なんかいらない。というような内容のことを書いたが、趣味は自分の本業を客観的に見られたりするきっかけになるからいいものだよ。

全部みんなの言う通りだった。

クソくらえだなんて思ってごめんなさい。


人と人生は複雑だが、世界の成り立ちは素直なのかな？

最近そんな気がしてきた。憤りの割合が極端に減った。憤りがない分、自意識と向き合う時間も減った。インタビューで話すことがなかったりする。自意識や自己愛は下品なものだと思うようになった。それでも、憤りに塗《まみ》れたような、お客さんに媚《こ》びを売る気がまったくなさそうな若手芸人を見ていたりすると胸が躍ったりしたものだが、近頃は、「あーその感じかー」と食傷気味だ。

飲みの席で同期にこの話をした。

「憤りと天の邪鬼でやってきたお前だからこの先は厳しいな」とニヤニヤしながら言われた。

散歩しながらニルヴァーナを聴いても、公園のベンチで『ヒミズ』を読んでも以前のように心がざわつかない。
ざわつかない代わりにぼくの心の真ん中には「穏やか」が横たわっている。
心の健康状態は良い。
だけど、空虚だ。
大好きなおもちゃを取り上げられた子どものような気分だ。
みんなの言う通りではあったが、みんなの言う通りの世界は面白くもなんともない。

たりない……

た。南海《なんかい》キャンディーズの山里《やまさと》さんと『たりないふたり』というテレビ番組をやっていた。元々はライブで生まれた企画だ。

山里さんとは三年前ぐらいから仲良くさせてもらっていて、仲良くなったきっかけというのが二人とも飲み会が苦手というなんとも後ろ向きな理由であった。

気が合う人との少人数の飲みの席はぼくも大好きだ。だけど、大人数の飲み会は得意ではない。

二十人ぐらいの飲み会になると四、五人のグループで島が出来上がる。なぜだかわからないが、そのグループとグループの島の間にポツンと一人になってしまう。グループの島に「混ぜて」の一言も言えず一人虚空を見つめることになり、結果「つまんなそうにするな!」になってしまう。女性と二人きりになると「何口説いてんだよ!」と騒ぐ奴の顔とセンスもぼくは好きではない。

ぼくが飲み会を苦手になった理由は上げたらキリがない。

飲み会に行き始めの頃、突然先輩に「おい! お前! つまんないんだったら帰れ!」と怒鳴られたことがある。確かにつまんなかったのだが、顔に思いっきり出てしまっていたという、今思えばなんとも初歩的な失態であった。

同期の芸人が先輩に対して必要以上に「美味いっすね！　これ美味いっすね！」というのも、下品に感じた。

そんなことを考えていたら「おい！　お前！　まずそうに食うな！」と怒鳴られた。

それからというもの、ぼくは飲み会では楽しそうな表情を心掛けて「美味いっすね！」とみんなと同じように連呼してみたのだが「目が死んでいる」と先輩に指摘されて、いよいよ「あいつと飲みに行っても楽しくない」ということになり、飲み会から遠ざかっていったのである。書いていて自分のあまりのたりなさに目眩《めまい》がしてきた。

そんなこんなで、三年前初めてやった『たりないふたり』のライブテーマが「飲み会の回避法」というこれまたネガティブなものであった。

「親知らずを抜いたばかりだ」「明日、健康診断がある」と嘘をついていかに飲み会を回避するかの技を披露し合うライブであった。

ライブは山里さんとぼくの性格が「たりない」ということをある程度知ってくれているお客さんに見に来ていただいているので反応は悪くはなかった。

とはいえ、テレビの番組となると「飲み会が苦手」というテーマが不特定多数の人に伝わるのかどうか現場では懸念する声もあった。

しかし、放送後番組のツイッターには視聴者の方から独自の飲み会回避術が怒濤の勢いで寄せられた。「冷蔵庫の宅配が今日で、立ち会わなければいけない」という見事な技にぼくは唸《うな》った。

こんなにも、飲み会が苦手な人がいるなら一体誰が飲み会を楽しんでいるんだという話にもなった。これを暴いてしまったことで、居酒屋の経営者に命を狙われるんじゃないかと怯えるほどであった。

どうやら飲み会には楽しい飲み会とそうではない飲み会があって、特に参加しなければならない気を遣う飲み会での苦労がリアルにツイッターに寄せられて会社員経験のないぼくは驚いた。

このあいだ、ぼくは断れない大人数の飲み会に参加していた。

いつものように、時間が過ぎるのを待つことになりそうだなと思っていたところ、不思議なことに気付いた。

以前に比べるとそんなに嫌に感じなかったのだ。

むしろ楽しかった。今までの労苦をねぎらい合い、名場面を振り返って盛り上がった。

しばらくすると、相変わらずぼくは島と島の間に一人漂流していた。あたりを見渡すと新人の子が立ったまま注文を取ったり、皿を片付けたりしていた。若い女性がこの中で付き合うなら誰？　という質問をされていた。先程、一体誰が飲み会を楽しんでいるんだ？　ということを書いたがわかった。

おじさんだ。

飲み会はおじさんが楽しんでいるんだな。と納得し、あまり飲み会が嫌ではなくなったことと自分の加齢を正比例させてみた。それを確認すると、ぼくは普通に居酒屋を出た。誰にも気付かれなかった。

一人外を歩いていると酒に酔ったＯＬが「どうでもいいー、イエーイ！」と大声で叫びながら同僚らしき女とハイタッチしていた。

それを聞いて思い出した。ある番組で、若林の飲み会嫌いを治そう。という企画があって「若林さんがどう思っているかはどうでもいいんですよ。ボスを楽しませるサービスをするっていうことなんですよ」と心理学者に言われた。

躊躇《ちゅうちょ》せず本音よりもサービスを優先できる歴《れっき》とした社会人になりたい。と思いながら「なるほど！　なんだか頭の中の靄《もや》が晴れました！」という言葉を心理学者にサービスした。

本音はやっぱりどうでもよくはないからだ。

男の恋愛に
必要なものは？

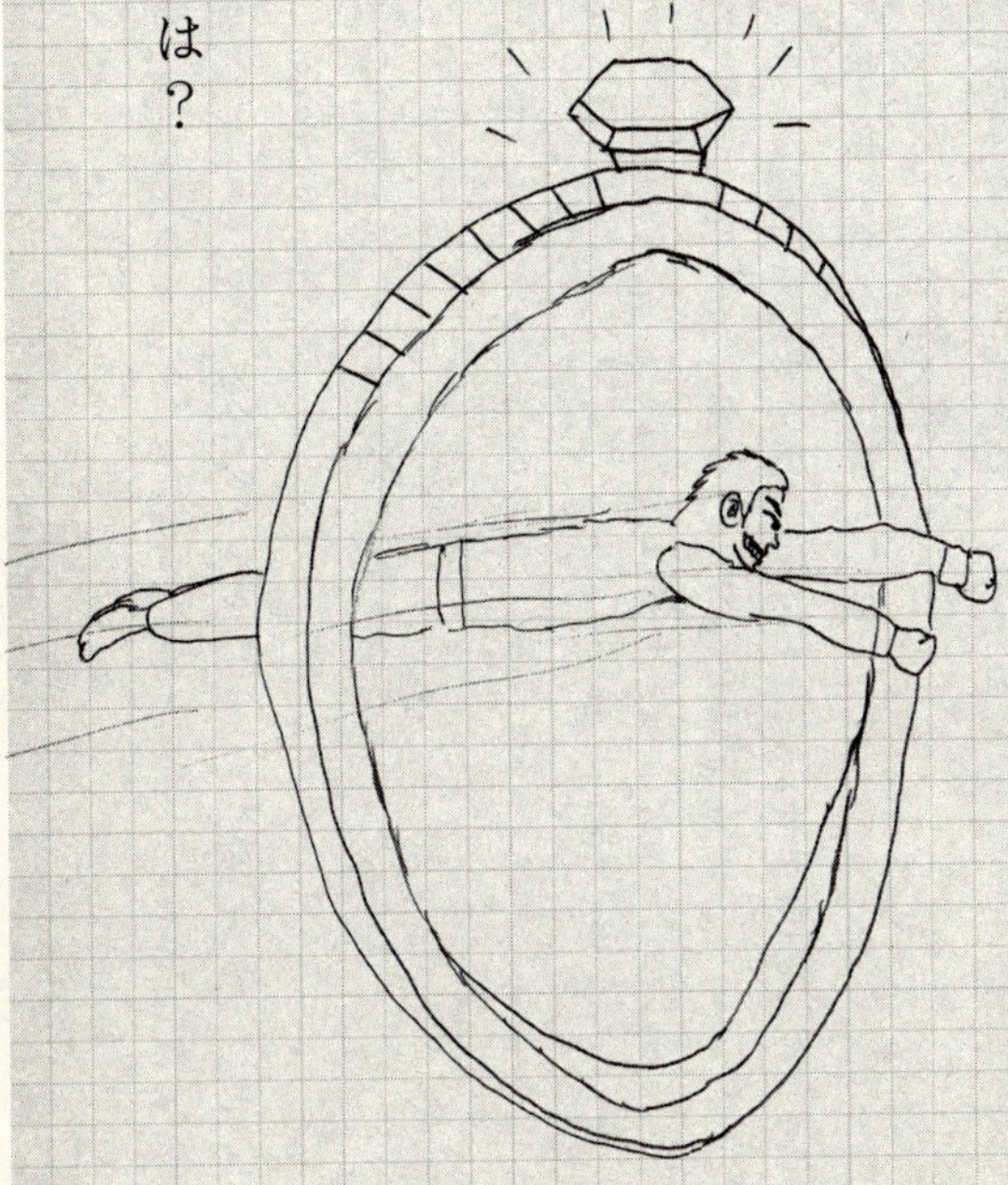

彼女に腕枕をしていると笑ってしまいそうになるという話をしたら、全く賛同を得なかった。

昔、付き合っていた女の子に腕枕をしていた時に、金も仕事もなく彼女にお金を借りてしょっちゅう飯を食わしてもらってる分際で何を偉そうに腕枕なんかしてるんだよ。と笑いそうになってしまうことがあったのだ。

腕枕を自然に出来る男は自信の塊のような男に違いない。

二十代の後半辺りに付き合っていた女の子がいた。お金がないので、デートでお金のかかる所に行けなかった。ぼくは「人混みとか俗っぽいものが嫌い」という思想を無理矢理纏《まと》って金欠をごまかしていた。本当はディズニーランドや人気スポットにめちゃめちゃ行きたかった。だが、デートは公園でひたすら散歩するかファミレスのドリンクバーで粘るという二つの選択肢しかなかった。二十代後半で放課後の高校生の後ろでドリンクバーの順番を待つダメージは軽くはなかった。

彼女は「お金じゃない」と言ってくれてはいた。

ぼくは常々女性の「お金じゃない」と言えるレベルと男性の「お金じゃない」と言ってほしいレベルには差があると思っている。年収にして二百四十万円分ぐらいの差があるのではないかと踏んでいる。

だが、彼女の「お金じゃない」は建て前ではなかったと今でも信じられるものがあった。

ある日、なんとか貯めたバイト代で温泉旅行に行った。彼女はとても楽しそうにしていた。その後ろ姿を見て、「はぁ〜。そうは言っても女の子を幸せにするにはある程度の金はいるな」と骨身に染みたのである。

同年代の子は彼氏と海外旅行に行ったり、小洒落《こじゃれ》たレストランに行ってるだろうに可哀想だなという気持ちが会う度にこみ上げてきた。それに耐えられなくなって会う回数は減っていき、ついに別れることになってしまった。

ご飯を食べる時に店の看板を見て店に入るのをやめる時に感じる劣等感や、彼女のプレゼントを買いに行った時に宝飾品の値段を見て感じる敗北感から逃げた。

それをバネにする精神力も、それを超える自信も全くなかった。

不思議なもので、そういったことに対して何も感じない男もいる。四畳半のアパートに同棲している芸人がいた。

当時ぼくは尋ねた。「自分が貧乏だと思うと彼女に申し訳ない気持ちになることない?」

驚きの答えが返ってきた。「う～ん……逆にこんなに金のない俺と付き合ってるんだからよっぽど俺がカッコいいんだと思っちゃってるんだよね」

その男は、顔も整っているわけではなく、背が低い男であった。その男は未だにいろんなものが整ってなくて、低い、が当時の彼女と結婚して幸せそうだ。

ぼくは羨ましかった。お金より地位や名声より、生まれながらの自信というものがぼくは何より欲しかった。

根拠のない自信。最強だ。

状況がダメなのではなくて、状況をダメと捉えてしまうことがダメなのだ。

その感情の防波堤になるのは自信だ。自信はあり過ぎも良くはないのだろうが、ない奴よりある奴の方が恋愛に向いている。

その自信はなんでもいい。仕事でも顔でも体力でも学歴でもなんでも。根拠のない自信でもいい。

男は自信がないと恋愛が出来ないのだ。

最近よく長年彼女がいないことをいじられる。そして、理由を聞かれる。幸運にも彼女が出来たとしてもまたお金がなくなったらと思うと恐ろしいのだという話をすると、「それはもうお前の金がなくなってから出会わないとダメだな」と既婚者の先輩からアドバイスを受けた。

今は、昔よりいろんな人に会うようになってさらに思うが、彼女たちは世の娯楽を十分に楽しめる彼氏をいくらでも作れるだろうに、何が楽しくて売れないお笑い芸人と付き合うのか甚だ疑問だ。崇《あが》める他ない。

その時その場にいた女性が「でも、自信のないダメ男好きの女っていうのもいるからねー」と言った。一筋の光が射し込んだ。

「そんな女神のような人がいるんですか⁉」

「いるのよ、私がいなきゃダメだからって思うのが好きな女が」

「あー、でもダメだ。『私がいなきゃダメ』とか言われたらなんだてめぇって思っちゃうから」

「うん。救いようがないね」

でも、その先輩はお金を持ってない時代も、貰えるようになってからも生活は変わったけど幸福感はあんまり変わらなくて奥さんとはずっと楽しかった。というようなことを言っていた。

そういえば、個人的にも人並みの生活が出来るようになってからも幸福感はあまり変わらないことに驚いたことがあった。

物質的な豊かさと幸福感はそこまで比例しないという「見切り」は、「自信」の代用品になるような気がする。

「お金がなくなっても幸福感はさほど変わらない。捉え方次第」と言いながら右腕を誰もいないベッドに投げ出して、すぐ元に戻した。

落語家

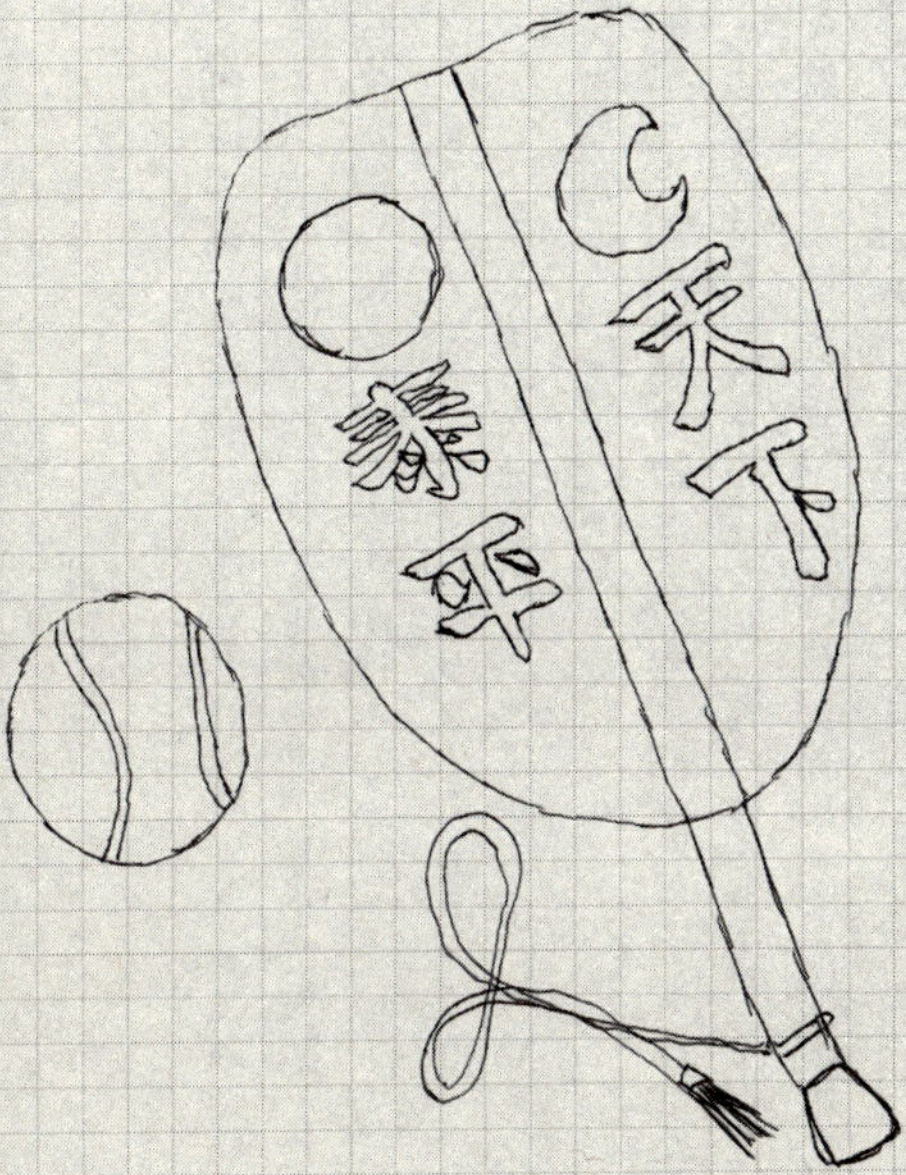

ロケで落語家を目指す全盲の高校一年生の少年に出会った。

ロケは、彼の落語の稽古から本番までに密着するというものだった。


少年には師匠がいる。

盲学校での余興で行われた師匠の落語に感動した少年が「落語をやってみたい」と申し出たのだ。師匠に教えてもらった小咄《こばなし》を盲学校の生徒の前で初めて披露した時にすごくウケたのが落語に本格的に取り組み始めたきっかけらしい。

それを聞いて「すごいね！ 俺らなんか笑い声を聞くまで八年かかったよ！」と言うと、少年が「いいです。いいです」と顔の前で手を振った。何が「いいです」なんだろうと思っていると「そんな謙遜しないでください」と。

これは、ごまかしは利かないなと謙遜や遠慮抜きに少年と向き合うことにした。

ちなみに師匠は最初全盲の少年に落語を教えることができるのかと少し不安だったらしいのだが、少年が初めて師匠の家に来て玄関を開けた瞬間に「広くて綺麗な家ですね」と言って、「この子なら大丈夫だな」と落語を教える決心がついたらしい。

師匠との稽古があるというので見学させてもらった。相撲を題材にした落語の稽古だった。稽古が進んでいくと師匠が徐にバッグから軍配を出した。すると、それを少年に渡す。

「これが軍配や」

「あー、テニスのラケットみたいやね」

「そうやな」

師匠は少年に教えるためにわざわざ軍配を買って来て触れさせて覚えさせるのだ。その後、色々なものをバッグから取り出して触れさせていた。

少年は生まれながらの全盲なので普段から触れ慣れていないようなものは実際に現物に触れて落語のジェスチャーに取り入れなければならないのだ。盲目の落語家さんは何人かいるらしいのだが、途中で視力を失った人と初めから見えない人ではここが大きく違うらしい。

師匠に「軍配探してくるの大変だったでしょう?」と聞くと「百円ショップや」という答えが返ってきた。

落語の中で外壁の板張りに開いている穴から家の中を覗くという場面があった。少年は「板張りはどのぐらいの大きさやろうか?」と師匠に聞く。師匠は両手を左右に大きく広げて「押してみぃ」と言う。少年が押す。今度は師匠が上下に両手を広げてまた「押してみぃ」と言う。その手を押し返すと「あー、大きい板張りやねー」と言う。

そのやりとりがあまりにも見事で、その場に家の壁の板張りを出現させる儀式のように見えた。

少年と師匠の公演の時間が近づいてきたのでロケバスで会場に向かった。

ぼくは師匠に聞きたいことがたくさんあった。勇気を出して聞いてみた。

「稽古、大変ですね」

すると師匠が「向こうの立場になって考えることから稽古が始まる」とおっしゃっていた。

そして、何より難しいのは「少年が落語をしている時に人がちゃんと聴いてくれているかどうかの情報が笑い声しかないから、稽古中にもなるべく声を発してあげながら聴かないと段々とテンションが下がっていってしまう」ことらしい。なので、落語の噺《はなし》を選ぶ時も笑いが起こる回数が多いものを選ぶと教えてくれた。

いよいよ、少年の高座が始まる。

少年が舞台上に出て手探りで座布団を探り当てて座った。横顔からは緊張が読み取れた。声も小さくなっていて高校一年生ということをぼくは思い出した。しかし、枕で「僕はお相撲さんをみたことがありません。なんでも僕の五人分ぐらいの大きさがあるらしいですね。僕が五人？　嫌ですねー」と言うと客席が沸いた。少年の顔から一瞬にして硬さが消え、声も大きくなった。

そこからは客席は何度も沸いた。少年が高校一年生だということ、そして全盲だということをすっかり忘れてぼくは落語を楽しんでいた。

少年を袖から見ていて驚いたことがある。

芸人の用語に「笑い待ち」という言葉がある。客席に笑いが起こった時に笑いが収まるまで次の台詞を言うのを「待つ」こと。これが待てないと笑い声と次の台詞がぶつかって聞こえなかったりするのである。これが難しくて、ぼくなんかは緊張していたりするとよく間違えてしまう。

少年はこの「笑い待ち」がとっても上手だった。聴いてくれているかをじっくり確認するように笑い声をしっかりと聞いていた。伝わっていることを少年は確認しているんだ。

そして、板の穴から中を覗くくだりに差し掛かった。少年が板の穴を表現して中を覗いている。そこで、起こっていることを話すと一層大きな笑い声が起こった。その時も少年は笑い声をしっかりと聞いていた。

笑い声って楽しいイメージや感情が相互に伝わっていることを確認できるんだ。そんな当たり前のことにぼくは胸のど真ん中をやられていた。

その時、ぼくは少年が発した言葉によって板の穴から中を覗く男のイメージを頭の中で見ていた。お客さんの中にもそれはあって、言い方は悪いが目の見えない少年によってそれを見せてもらってるんだ。

そう思った瞬間鉄砲水を背中からマトモに食らったような衝撃。感動が押し寄せて、目頭を決壊させた。


少年が高座から下りた。

この少年だからだろうな。と、正直思った。この噺を別の落語家さんから聴いても同じようには感じなかっただろうな。「何を言うか?」ではなくて、「誰が何を言うか?」なんだ。高校一年生の少年に教えてもらった。

自己の確認なんかじゃなかった。共感の確認なんだ。

笑い声が聞こえる時、人と人は通じ合っている。

おじさんの悩み

三十四歳になった。

今年の誕生日は「結構、おじさんなんだね」とよく言われた。その話をしていたら、何歳から何歳までがおじさんなんだという話になった。魔法の言葉の「人による」は排除するというルールで徹底的に論じ合った。結局、みんなの意見を統合して三十三〜六十六歳までがおじさんということで決定した。その決定の間の論争は不毛だったので省きます。

確かに最近おじさんになったなと感じる瞬間は多い。今ヒットしている歌手やバンドをあまり知らない。若い人に人気のある歌が流れてきて「自分を超えていけ！」とか「あなたに会いたい」みたいな歌詞を聞いても「力むと続かないよね」みたいな感想を持ってしまう。

だけど、ラジオから松山千春《まつやまちはる》や美空《みそら》ひばりが流れてくると心に沁《し》みまくって、たまに泣いちゃう。

子どもの頃食卓で両親とばあちゃんがテレビの中の美空ひばりをなんとも言えない表情で見つめていて、それが不思議だった。だが、今は何となくわかるような気がする。

ちなみにぼくはおじさんと言われても痛くも痒《かゆ》くもない。なぜなら、自分が十代二十代の頃にいい思い出が全くなかったからだ。若者に羨ましいと思うポイントがない。十代は勉強はできないし浮いた話なんて全くなかった。二十代なんて牛丼を食っては「なんて俺はダメな奴なんだ」と下を向いて歩き、また牛丼を食う。を繰り返していただけだ。

だが、今は違う！

憧れの先輩と仕事をし、腹が割れるほど笑い、観たいDVDをいくらでも借りられる金も持っている。

そんなぼくに「おじさ～ん」と若い子が言う。これはもう鬼に「鬼!!」と言うようなものなのである。「鬼ヶ島は楽しいぜ」なのだ。

なので、特に若い人と接点を持ちたいとも思わないのだが、社会人としてどうしても接しなければいけない時がある。そして、そこにはおじさんならではの問題があった。

ちょっと前までは自分より年上の人がマネージャーをやっていて、移動は後ろをただただついて行ったり、仕事でダメだしがある場合は「はい」と頷いているだけであった。

だが、近頃二十代前半の若者の新人が現場マネージャーとしてついたりすることがあるのだ。

海外に行った時にパスポートをマネージャーが失くして立ち往生したり、マネージャーが寝坊して現場に来なかったりすることがあった。

その際、ぼくは説教をするべきかどうか悩む。若い頃、とにかく目上の人に説教をされる時「うるせぇな。お前の歩いてきた道と違うんだよ。俺は俺の落とし穴に落ちて感じるよ」と思ってきたぼくだ。

ここで怒ったら「めんどくせぇおじさんだな」と思われてしまうことが鮮やかに想像できてしまい、つい沈黙してしまう。

しかし、ついに説教をしなければならない場面に出くわした。

新人のマネージャーが人と話す時、足首を猛烈に回すのだ。ぼくの前だけかと思ったら誰の前でもそうらしい。

別のマネージャーに聞いたところ、どうやら元体育会系というのをアピールしたいという理由の憶測まで入ってきた。

どんな理由だ。全くもって意味不明である。

スーツ姿の青年が足首を猛烈に回しながら目上の人と話す姿はとても異様だった。

しかも、それは会う度に回転数が増していた。このままにしとくといつかこいつは恥をかく。おじさんのぼくは説教をすることに決めた。

だが、どう言えばいいのだ！


「足首を回すな！　失礼だろ！」の感情ストレート型。

「足首回すのやめたほうがいいよ。気になるから」の微笑みつつしっかり刺す型。

「それ摩擦で火が出て火事になったら怖いからやめてくれ」のまさに煙巻き型。


うーん、めんどくさい！

なぜ俺がこんなことを考えなければいけないのだ！　という気持ちの勢いに煽られ、ぼくは「足首を回すな！　気になるだろ！　ま、摩擦……とにかく回すなよ」という混合型の説教をした。

するとマネージャーは「は、はい。すいません」と言って片足のかかとを上げたまま止まり、フラミンゴの立ち方のようになった。

こんなふうに、ぼくが説教を受けた先輩も「めんどくさいな」と思いつつ「でも、いずれこいつが恥をかくからな」と渋々説教をしてくれてたんだろうな。

ぼくは、昔の自分の態度を恥じた。それと同時に先輩への感謝の気持ちがこみ上げた。

先輩の愛に気付くタイムラグ、だいぶあったたな。

説教の中の愛はすぐには芽吹かないのかもしれない。若い人がおじさんになったら芽吹くかもしれないし、そうでないかもしれない。まあ、種をまくべき時はまいていくか。

いずれ芽吹くかもしれないしな。

宿題の進め方

ほぼ毎日のように宿題がある。ネタ作りやトーク番組のアンケート、このコラム、本の帯の文言など様々で仕事が終わったあと、それらを虫のように書いている。

自宅ははかどらない。考えている時にぼーっとキッチンなど見ていると、そういえばあのオイスターソースは半年以上使ってないけど賞味期限はきれてないのかな？と徐にキッチンまで歩いて行ってオイスターソースを手に取る。すると賞味期限が過ぎていて「これダメじゃん」と捨てる。ポン酢は大丈夫か？とキッチンの掃除が始まって、ノートとペンは机の上に置き去りにされてしまう。

あと、パソコンで調べものをしていると、その流れで気分転換などと理由をつけて、ついついエロ画像を見始めてしまう。

なので自宅ではなく主にカフェと言われる場所で宿題をしている。

カフェなんて気取って書くと「お前がカフェなんて面かよ」と言われてしまいそうなので言い訳しておくが、ファミレスが家の近くにないのでカフェに行っている。それだけは信じていただきたい。

カフェは客席から見える厨房のソースに触れることはできないし、エロ画像を堂々と見るわけにもいかないから作業が中断しない。

携帯も持っていかない。携帯を持っていくとメールの返信をしたりしているうちに時間が経ってしまうし、用もないのに、腐れ縁の友人に「ちんこ」なんてメールを打ってしまうから。

カフェは最初のうちは慣れなかった。店内で浮くからだ。

なぜなら、お客さんの服のセンスがいいから。長髪を真ん中で分け、おしゃれメガネをかけ、なんだか股引みたいなズボンを穿《は》いている人がいる。

そして、かかってる音楽のセンスがおそらくいい。サックスとピアノとかのやつだ。

そんなお店にチェックのシャツとジーパンを穿いた地味な男が一人浮いている。でも、いずれ慣れるだろうと思って通った。もしかしたらそういう環境にいれば周りに引っ張られておしゃれになるかもしれないという淡い期待もあるにはあった。

しかし、ぼくが慣れたのは不釣り合いな自分の方だった。

最近、聞いたことだが、カフェの店員さんの中で「若林さんは人見知りだから話しかけないように」という通達が流れていたらしい。その通達が流れなくても結果は同じであっただろうが、二年以上通って最近ようやく話すようになったのは自分でも驚きだ。

しかし、これだけ環境を整えても宿題はなかなか進まない。アイデアが全然浮かばない。二時間考えて何も浮かばず帰宅するなんてことはザラだ。

ぼくの良くないところはアイデアが長時間浮かばないと「なんて俺は才能がないのだ」「みんなは絶対もっと短時間で浮かんでるんだ」なんてネガティブ思考に陥る。簡単に「もう引退したほうがいいんだ」ってところまで思い詰める。

そうして、何も思い浮かばず自分の才能のなさに落ち込んで帰り、寝る準備をして歯を磨いている時にアイデアはふと思い浮かんだりするのである。

なんでこんな簡単なことが短時間で浮かばないかね？　と自分にイラつきながら「カフェで思いつけば凹むこともなかったのに」なんてブツブツ言いながらノートにアイデアを書き込む。

そんな話を脳神経科学のお医者さんと共演した時に話したら「若林さんの今の話はすごくまっとうな話ですね」なんて言ってもらえた。

何かを思いつくということは、記憶と記憶の組み合わせらしく、脳から全く新しい奇想天外なものを突発的に生み出すようなものではないらしいのだ。

よく漫画なんかで何かが思いつく時に電球が光る表現が使われるけど、まさにああいうことらしくて、電球のプラグを脳の中にある無数のコンセントに入れては光るかどうかを確かめるということを繰り返しているようなものらしいのだ。それを繰り返すうちにやり過ぎてショートしてフィラメントやらプラグがバカになってしまう。で、その作業から一旦離れてリラックスした時に万全の状態のコンセントが現れて一番綺麗に点灯する。わかりやすく言うとそんなことらしい。

そのためにはショートが必要不可欠なんですって。

「だから若林さん！　ショートを気にしないで」なんて言われたが、ぼくは短時間で電流の流れているコンセントを見つける才能が欲しかったんですよ。先生。

しかし、それからというもの、ぼくは宿題をやる時間を何かが思いつかないといけない時間とは考えなくなって、ショートさせる時間ということにした。なので何も思いつかなくても平気になった。

その代わりアイデアが浮かぶようにリラックスするための歯磨きと入浴の時間を延ばしてみた。しかし、そう簡単にはいかず歯が以前より白くなり風呂での発汗で肌の調子がよくなったぐらいのものである。

本気のショートとリラックスじゃないとダメなんだな。本気でリラックスというのも変な話だけど。

でも遺伝子レベルの才能に、コンセントを増やすこととショートにかける時間で対抗できるという情報は、ぼくにほんの僅《わず》かな希望と精神の健康をもたらしてくれたのである。

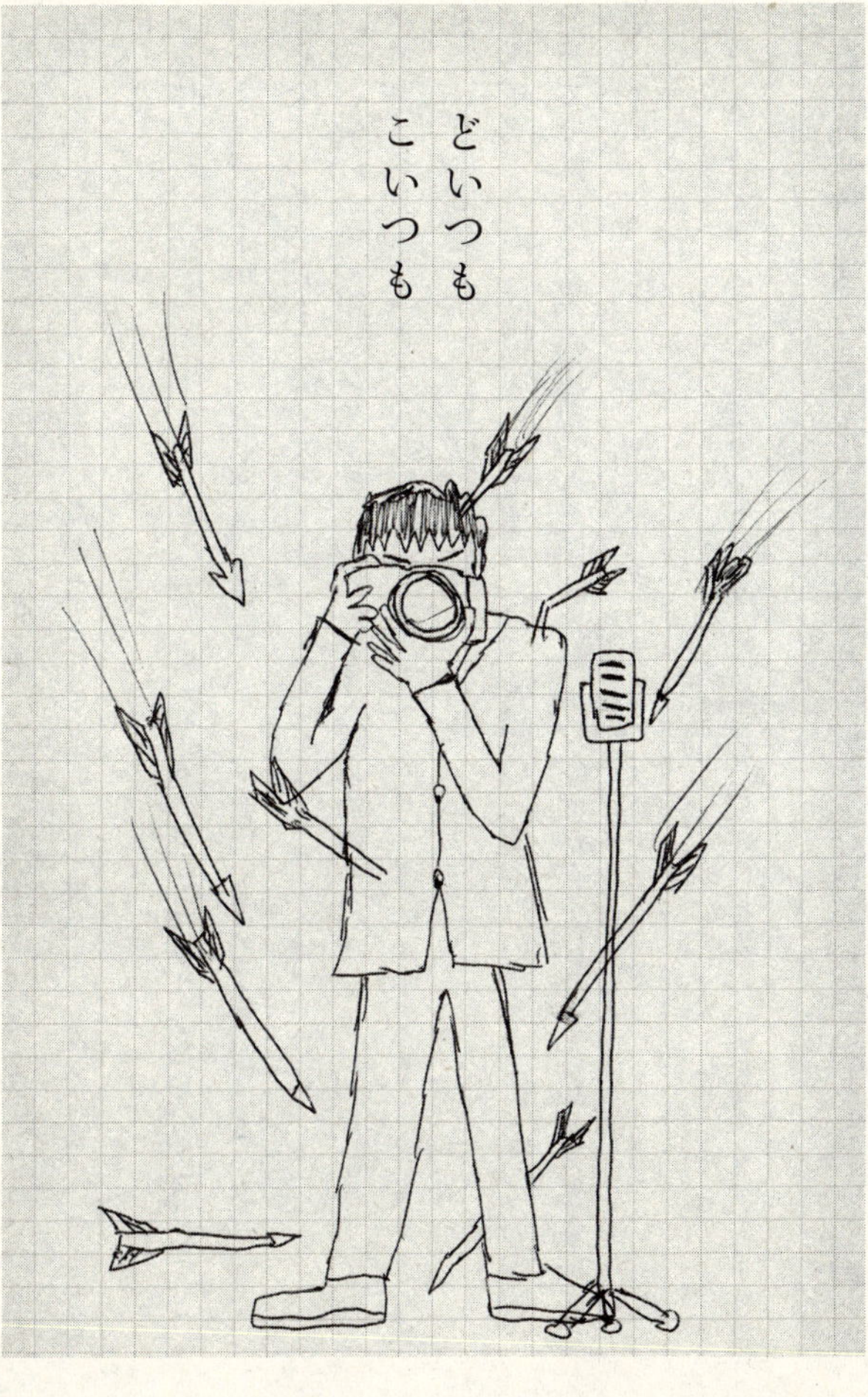
どいつも
こいつも

テレビに出始めた頃、ファンレターを読んでいて疑問に感じたことがある。

「このあいだのトーク番組はあのネタじゃない方が良かったんではないでしょうか？」

「若林さん、芸能界を生き抜くには力のある先輩に可愛がられることが必須ですよ」

マネージャーがするアドバイスのようなことが書いてある手紙がすごく多かった。

驚いたのはその内容ではなくて量だ。

つい最近まで番組でツイッターをやらなくてはいけなくて三ヶ月間だけやっていた。リプライという一般の人の反応が一番増えるのが、番組の中で噛んだり天然と言われるような間違いがあった時だった。

番組終了後の「面白かったです」という感想の三倍ぐらい来る。書き込みの内容に対してではなく、その量の多さに興味が湧いた。何かと上に立ちたがる人が多いのではないか？　と次第に感じ始めた。

ぼくには新書コーナーでタイトルを片っ端から見て、目をひいたものをタイトル買いして読むという趣味がある。

その日も新書コーナーで片っ端から本のタイトルを見ていた。すると『一億総ツッコミ時代』というタイトルの本が目に飛び込んできた。帯には「どいつもこいつも評論家ヅラ」と書かれている。「これこれ！」と手に取り、すぐさまレジへと向かった。

読み始めると著者の槙田雄司《まきたゆうじ》という人が芸人の先輩のマキタスポーツさんであることがわかった！　内容は、自分では何もしないのに他人がすることには批評、批判する人が増えた。それを恐れて言いたいことが言えなくなって、ちょっとしたミスも許されないような息苦しい世の中になった。要約するとそのようなことだった。

この本の凄《すご》いところは他人や世の中の出来事を上から目線で批評したり揶揄《やゆ》したりする人をツッコミ、それを受ける側の人をボケと分けたところだ。

冒頭の謎が解き明かされるかもしれないという期待に胸が躍った。読み進めていると自分にとってとても耳の痛い部分があった。

「ベタイベントから逃げない」という話。季節のイベントなどを引いて見ていないで参加してみようという内容だった。

十月末、ぼくは渋谷を歩いていた。渋谷にはハロウィンが近いということもあり、仮装をしている人がたくさんいた。

悪魔のような変装をした若い女の子に「トリック・オア・トリート」なんて言われながら飴をもらった。「ハロウィンに変装なんてベタだな」なんて思いかけた時「待てよ」と思った。

そう思うことで悪魔の子より上に立った気でいないか？　という自分への疑念だ。自分は何もせず。外野から突っ込んで上に立ったかのようなバーチャルな優越感を感じていやしないか？

昔からそうだった。大学の学祭に参加せず、バーベキューに行かず、誕生日会を開かれるのを拒む。全部、突っ込まれたくないからではないのか？　出る杭を拒み続けて、ツッコミ続けた挙げ句、死の直前に何も楽しんでいなかったなんてことに気付く大ボケ、全然笑えない。

ぼくは番組で当たった車に三年乗っている。これも「当たったから乗らざるを得なくて」なんて言い訳をしている。本当は、ステーションワゴンの塗装を黒のマットにして、真っ黒のホイールにしてエンジン音を変えた車に乗りたいんだ！

人見知りのぼくだけどマキタスポーツさんのアドレスは知っていた。昔、ライブハウスの楽屋で話しかけていただいてすごく嬉しかったんだ。

著書に感動した旨をメールした。返信がきて「ありがとう！」で始まる文面の中に

「オードリーみたいに引き受けた人はボケなんだよね」という文章があった。

そうか！　人前に出て面白いことをしようなんてこと自体がもうボケなんだ。だから、ツッコまれればツッコまれるほどボケれてるんだ。つまり面白く生きられているんだ。

美術館に行く趣味も、一眼レフで写真を撮る趣味もラジオで話したら「ぶってんじゃねぇ！」というツッコミメールがリスナーから大量に届いて怖くなってやめた。

だが、再開だ！　ボケまくってやる（漫才ではツッコミだけど）。

ぼくらオードリーは七年前にボケとツッコミの役割を変えた。七年ぶりのボケ（漫才ではツッコミだけど）への転身である。

腕がならないわけがない。

春日

このコラムを二年半やらせてもらっているが、相方の名前である春日《かすが》という文字を一度も使っていない。春日という二文字をNGワードにしていたのである。止むを得ない場合は相方という表現であのピンクの男を表していた。なぜ、NGワードにしていたかというと、せっかくのぼくのコラムなので相方の話は極力せずに自分の話を書こうという単純な理由からです。

しかし今回包み隠さず相方のことを書こうと思っている。

なぜ、そんなことを書こうと思ったかというと、近頃ウチの事務所で活躍するコンビが増えている。「THE MANZAI 2012」という大会で優勝したハマカーン。そして、その前の年に二位になったHi－Hiというコンビが同じ事務所に所属していて昔からよく知っている。

彼らの下積み時代の話を聞いていると、辛いこともたくさんあったろうに随分明るく楽しそうに話す。聞いていてとても清々しい。

だが、ぼくは昔のことなど思い出したくないほどで、絶対に戻りたくない十年間として二十代を記憶している。楽しかった思い出など本当にない。

彼らの話を聞きながら、ぼくは自分に楽しいと思う能力や限られた条件の中で楽しむ能力が欠落しているのではないかと思い始めた。

こんな想いの対極に位置する男がそう、春日だ。

むかし事務所からも見放されファンもいない時期、相変わらず努力をする姿勢の見えない春日に変わってもらいたくて「二十八にもなってお互い風呂なしのアパートに住んで、同級生はみんな結婚してマンションに住んでいるというのに、恥ずかしくないのか?」と問いつめた。相方は沈黙した。

三日後、電話がかかってきて、春日は「どうしても幸せなんですけど、やっぱり不幸じゃないと努力ってできないんですかね?」と真剣に言ってきた。

ダメだこりゃ。と思った。金もない、親からも呆れられている、そんな状況で一体何が幸せなんだ。とぼくはさらに問い質した。ゲームが出来たり、仲間と遊べたりするのが楽しいという答えが返ってきた。

常に今の自分より良い自分、今の環境より良い環境に行かなければならないと考えるのが当然だと、相方も、いや全ての若手芸人が思っているだろうと考えていたぼくは面食らった。これは、いよいよボケとツッコミ(当時ぼくはボケをやっていた)を変えなきゃいけないと思った。コンテストで落ちても、「M-1」の予選で落ちても相方はヘラヘラしていた。そういったことを機会に幾度となく解散話をしても、相方が感情的になることは一度もなかった。これで、「いつか売れる!」なんて言葉をかけてくれていたりすれば、とてもいい話なのだが違った。相方は「解散するにしても続けるにしても任せる」といったニュートラルな態度であった。

　こうなってくると、もし辞めるとなるとぼくの一存ということになるので悔しくて辞められない。相方も「限界だな。辞めよう」と言っていれば間違いなく解散していたと思う。

　それで、隠れて猛烈な努力をしていようものなら泣かせる話なのだが相方は違った。まったく努力していなかった。あまりに、努力しないので試しにネタでも書いてみろというとファミレスのナプキン六枚ぐらいに滲《にじ》み倒した超つまらないネタを書いてきたので、それ以来ネタを書いてもらおうと思ったことはない。

　本当にずっと不思議だった。全然ウケないし、負けまくっているのに、なんでこんなに幸せそうなんだろう。

　忙しくなってからも、「オードリーは今年で消える」なんて言われていたからなんとか頑張らなきゃと地方の仕事帰りの新幹線で「あぁでもないこうでもない」と考えていたぼくの斜め前の席で、相方はPSPでゲームをしていて何かが上手くいかなかったのか、肘掛《ひじか》けを拳で叩いていた。ぼくはそれを見てもっと強い力で肘掛けを叩いた。

謎だ。なぜこんな時期にポータブルゲームで白熱できるんだ。

その頃には、春日のそういう精神性は羨ましいを通り越してぼくの憧れになっていた。なぜかというと、テレビに出てお金をある程度もらえれば幸福になれるとぼくが信じていたからだ。

確かに、前より生活に困ることはなくなった。でも、幸福感はさほど変わらないんだ。

春日はずっと楽しそうで。

若林はずっとつまらなそうだった。

ここに何かの鍵があるような気がしていた。

そんな、鍵を手にしかけた瞬間があった。ぼくらオードリーが盲学校の小学生と一緒に仕事をした時のことである。子どもたちがみんな「春日ー！」と相方に集まるのである。ぼくの方には一人もこなかった。ぼくは、春日が子どもに人気があるのは見た目にインパクトがあるからだと漠然と思っていた。しかし、見た目は関係なかった。

春日という男は自分に自信があり余裕がある。子どもたちはそれを感じ取って春日に集まっているのではないかと感じた。また、逆にぼくの息苦しさも同時に子どもたちは感じ取っているような気がした。

この世界でいろんなタイプの人にあった。ぼくぐらいの薄っぺらい人生で判断できることはとても少ないが。とんでもない天才と言われている人が、人からの賞賛を求め、自己顕示欲を満たすために猛烈な努力をしていたりする。その根底には、孤独や、埋めることのできない欠落感があったりするように感じる。

春日は、正直本当に面白いことを言える人間じゃないと思う。でも、すごく面白い人間だと思う。それを、子どもの集まらないぼくは真横で見て楽しんでいる。自分に自信があって。特別、自己顕示するために自分を大きく見せる必要のないマトモな男だと思う。

ぼくは、とことんマトモになって幸福だと思ってみたい。できるなら、上昇しつつ。

ぼくは春日に憧れている。

人間関係不得意

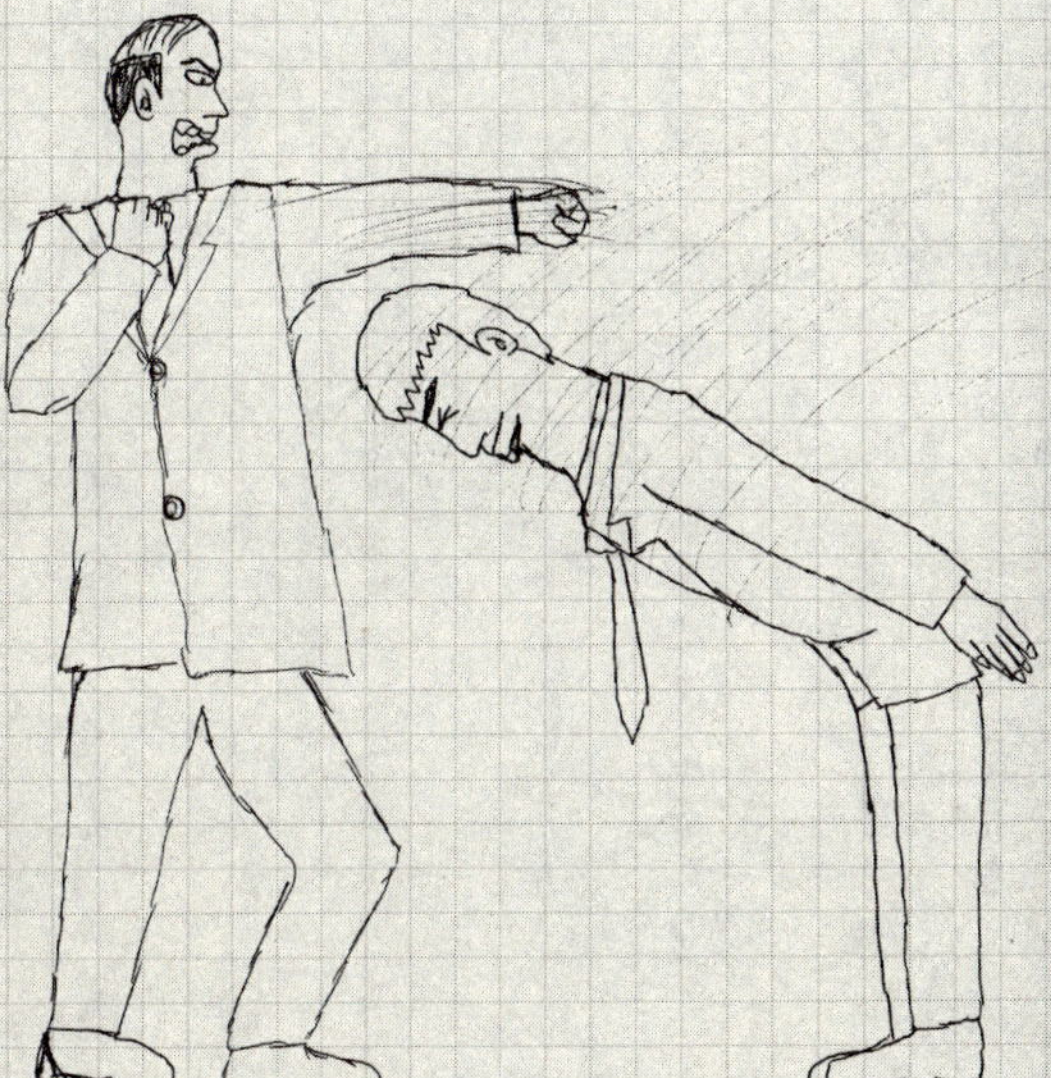

今やっているラジオに、お題を出してハガキ職人と呼ばれる一般のネタ職人からメールを募集するコーナーがある。

数年前から毎日早朝五時に三十通程のメールを欠かさず送ってくる人物がいた。内容も面白いし、その量に驚いていた。

スタッフさんに何者か尋ねて、ブログやツイッターをやっていないのかと聞いた。すると、ツイッターも何もやっておらず、さらにぼくは興味を持った。

彼は一体どんな理由で、何のために毎朝あれだけの量のボケを送ってくるのだろうか？

ぼくは、ラジオの本番中にそのツチヤタカユキという男にこれだけの量とクオリティを持っているのならプロになればいいのにと呼びかけた。

すると、ツチヤタカユキから一通のメールが届いた。そこには、先ほどの呼びかけに対する返答が一行で書かれていた。

「人間関係不得意」

ぼくは、さらにこの男に興味を持った。

このエピソードを『アメトーーク！』で話したら、ツチヤタカユキから一通のメールが届いた。今度は「人間関係不得意」といった、簡素なメールではなく長文だった。

内容は自分のことをそのような人間だと思っているということ。高校時代、クラスメイトと一言も口をきかずに朝起きて五十問の大喜利のお題を自分で考え、それを授業中にひたすら解いていたという学生生活。高校を卒業して放送作家を目指すも、挨拶の声が小さいという理由で目上の人に嫌われ始め「お前のような礼儀のなってない奴は明日からこなくて良い」と言われクビになったこと。それからは、バイトをしながらラジオのコーナーにひたすら投稿していてそれが唯一の楽しみで、番組でぼくが名前を言ったことがとても嬉しかったことが書いてあった。

ぼくは、その返信でプロにもう一度なる気はないかを聞いた。彼は自分のような挨拶もロクにできない人間はプロをもう一度目指す資格はないと思っているようだった。

ぼくは去年の夏に行ったライブに彼を招待した。ライブの後、ファミリーレストランで食事をしていたので一緒にどうかとメールした。すぐに行きますと返ってきた。しかし、十五分ほどで到着する距離にいた筈なのに一時間経っても到着しない。もう一度メールすると、もうすでにファミリーレストランに到着はしていたが、なかなか気持ちの準備が整わず中に入れないとのことだった。

さすが「人間関係不得意」だ。

席に案内しても視線は合わない。だが、お笑いの話になると熱い。二十四歳だしフリーターをしているならもう一度、一年ぐらい東京でプロを目指して失敗してもあんま変わんないんじゃない？　ぼくは何の責任も取るつもりはないけど。と伝えた。

彼は上京する決心をした。

去年の年末に上京して、それからはよく一緒に居ることが増えた。電話に出る時に「はい」と出るので、まず「おはようございます」と言ったほうが、社会って感じがいいんだろうってこと。ご飯を奢ってもらったあと「ごちそうさまでした」って言ったほうが、社会って可愛がられるんだろうってこと。を自分が若い時にできなかったにも拘わらずぼくは教えた。そして、歩いている時に話していると、どんどん距離を詰めてきて肩がぶつかってしまうので、歩く時は話していてもまっすぐ歩くことも教えた。

お金がなくて防寒具が買えないというのでダウンジャケットをあげた。すると、店の中でも脱がず汗だくでいる。なぜ、脱がないのだと聞くと「頂いたものなので……」という返答が。もらったものでも暑かったら脱いでも怒る人はいないだろうということも伝えた。

ある日、公園のベンチに座っていて自動販売機で飲み物を買ってくるように指示すると、彼は自動販売機まで全力疾走をして全力疾走で帰ってきた。帰ってくる途中に猛烈に足首を捻っていた。

ぼくは、彼がSNSで人と繋がろうとせずにメールを送り続けてくることに、自分の内側に物差しと楽しさを保持しているような気がした。

ぼくは社交や礼儀作法よりも熱と量と持続を信用している。

書籍化します

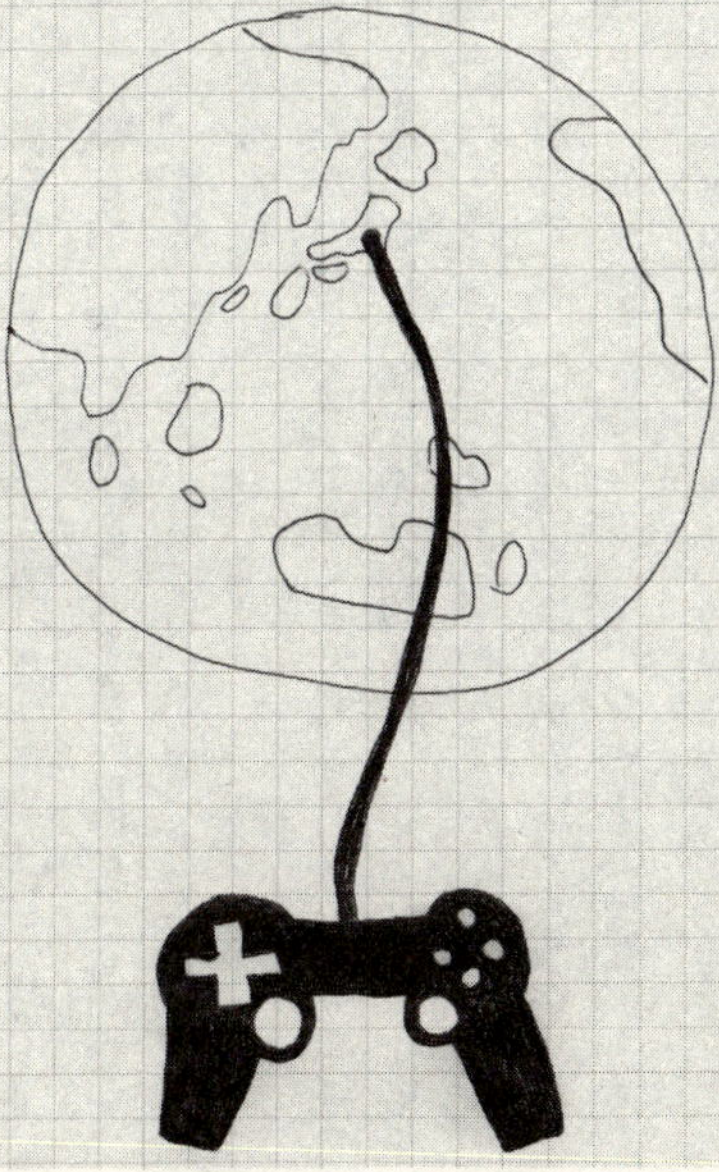

嬉しいことにこのコラムが書籍化してもらえることになった。普段の生活であまり共感を得ることのないぼくの考え。それをさらに濃くしたようなこのコラムの本が一体何人ぐらいの人の心に届くのか今から不安である。

今回書籍化にあたって第一回から読み直してみた。一回目のコラムはもう三年前になる。そこには「趣味を仕事にしたから他の趣味なんかいらない」的なことが書いてあった。読み直していて「いやいや、趣味はいるよ！」と自分が思ったことに驚いた。

三年も経つと随分考え方も変わるもんだ。

例えば、ぼくは今そば打ちが趣味だが、仕事でやらかした時に家に帰ってからそばを打って、それが上手くできたりすると嬉しくなり気分が落ち着く。すると、仕事をしている自分を客観的に見られる。「まあ、いろんなことがあるよね」とある程度のところで思考のループを止めることができる。仕事だけが生きがいでアイデンティティの人は、うまく行っている時はいいが、逆境の時にメンタルをやりがちだ。

三年前の俺！　何言ってんだ！　若造が！

スターバックスで「グランデ」と言えないというようなことが書いてあった。

言え！

誰もお前のことなんか気にしてないぞ！　自意識過剰がやや通院のゾーンに入って

るぞ！

飲みの席でお酌ができない的なことが書いてあった！

しろしろ！

年功序列を大事にしてそうで、持ち上げないと面倒くさそうな奴だと踏んだら注げ注げ！　本当にめんどくさいことになるぞ！

読んでいてあの頃は生活がぶきっちょだったなと思った。自分の実力以上の仕事が毎日どんどん舞い込んできてついて行くのにも精一杯だった。

このあいだ精神科医の方が、入社して三年未満で会社を辞めてしまう若者が多いことをゲームの操作を覚える途中でやめてしまうようなものだと言っていた。

最近、ＰＳＶｉｔａでアメフトのゲームをやっている。アメフトゲームは日本ではあまり人気がないみたいで、アメリカ版のみしかなくて画面はすべて英語だ。なので、ぼくは辞書を片手にコントローラーの操作の仕方を覚えてようやく最近ゲームをしていて楽しくなってきた。

やっぱり操作を覚えてる最中は全然楽しくなかったし、大変だった。

ぼくは一番忙しい頃、結構疲れていて、友達に愚痴を言うと友達は「せっかく仕事もらえるようになったんだから楽しんで」と言ってくれていた。

ありがたい言葉だったけど「楽しむ」ってどうやるんだろう？　と悩んでいた。当時はとてもじゃないけど楽しめる余裕なんてなかった。コントローラーの操作方法を覚えてないんだから当然だ。どのボタンがパンチで、どのボタンが防御かわからないんだから。

昔のバイトでもはじめて三ヶ月ぐらいはミスするし、年下に怒られるしでつまんないけどだいたい自分でできるようになってくるとちょっと楽しい。

高校のアメフト部でも一年の時はひたすら下働きで楽しくなかったけど、二年になって試合に出られるようになってから楽しかった。

クラス替えなんかも五月ぐらいからクラスメイトに馴染んで楽しくなっていた。

社会とまでは言わないけど、自分の生活圏内のコントローラーの操作をちょっとだけ覚えてきたのかな？

最近生きていて楽しい。

今、操作を覚えてる最中なのか操作を覚えた後なのかを把握できていればそんなに悩むこともなかったのにな。

そういうのって、得てして後になってわかることだよね。

女の子苦手芸人

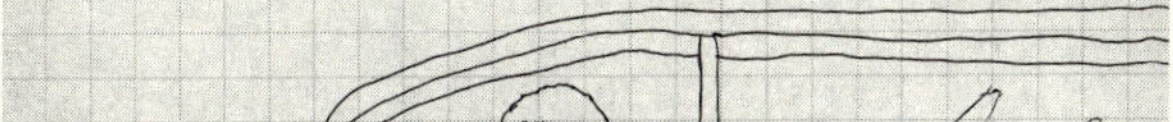

以前、『アメトーーク！』の企画で「女の子苦手芸人」という企画に出演した。それからぼくには人見知りに加えて女の子苦手というイメージがついたように感じる。そんなぼくのことを思ってか、面白がってか、このあいだ番組で若林の女の子苦手を徹底的に治そうという企画をやった。一応説明しておくと、女の子自体は大好きなんだけど、それ故に意識し過ぎて話しかけられない。というのがぼくの苦手の理由だ。以前このコラムにも書いたが、ぼくは女の人に腕枕をしている時に笑いそうになってしまってしょうがない。

この子より人間的に未熟で幼稚な自分がなぜ腕枕などしているのだ。と。

そんな話を収録中に出演者のカウンセラーの人に話すと「あなたの子どもの頃の家族構成を教えてください」と言われた。

「祖母と両親と姉です」と答えた。

子どもの時はいつも困ったら祖母か母か姉が何とかしてくれていた。悪いことをすると猛烈に怒られた。

それは普通女性とのコミュニケーションの中で修正されていくらしいのだが、中高男子校だったこと、さらに自意識過剰で人見知りであることから同年代の女性とのコミュニケーションが少ない。

それが女の子苦手の原因であると指摘された。

家族の中で一番年下で力のない子どもの時の祖母と母と姉の印象のまま、女の人は強くて頼りになって怖いと思っていると言われた。

確かに年下の女の人でもぼくはなんとなく年上のように接してしまう。

唐突だが、年下の女の子のおっぱいも四、五歳は上に思えてしまう。

おっぱいが目の前に現れた時は「おはようございます！」と思うし、揉んでる時は「揉ませてもらってます！」という気持ちになる。

女の人は強いから特に手助けしてあげなくても自分で何とかできる、怒らすと怖い。話をしても共感を得られない。そう思っていませんか？　と聞かれた。

そうかもしれないですね。と答えた。

でも、男性に対しては違いませんか？

そうかもしれないですね。と答えた。

男には、例えば後輩で金がなさそうな奴には服をあげたり、悩みを聞いてあげたり、励ましたり自然にできる。

ロケバスでゲストの男の後輩芸人さんが一人ぼっちで居心地が悪そうだったら話しかけられる。

でも、それが女性タレントだったら絶対話しかけられない。

何、若林のくせに話しかけてんだよ。と思われると思ってしまう。

怖いという印象がありながら、女性だらけの客席を舞台から眺めていると無償に中指を立てたくなってしまうという衝動があり、それを我慢しているという話を「たりないふたり」でお世話になった安島《あじま》さんと山里さんに話したことがある。二人には咎められた。

その話をすると、子どもの時何かを禁止されたり干渉されたりすることに対する反発心がまだ残っていて昇華されてないのだという。

それが女性に投影されてしまうらしい。

恐怖心と反発心。どうやらこの二つがぼくの女の子苦手の気持ちを構成する二本柱らしい。

若林さん、大事なのは男性も女性も変わらないという感覚を身につけることなんですよ。とカウンセラーは言う。

女性も男性と同じように悩むし、強くないし、寂しい時に話しかけられたら嬉しいんです。極端に言えばセックスも男性と同じように女性もしたいんです。ただ、男性よりも女性の方が心を抱いて欲しいとこがあるけど。

「そこ肝じゃないの！」というツッコミをぼくは飲み込んだ。

ぼくは、妻と子どもを守れる力を持った男になりたい。

女の子苦手を克服するぞと決心した。

後日、本番前のスタジオの前室で、同じレギュラーの女性タレントに「今日はなんかいい天気でしたね」と話しかけた。

「どうしたんですか！　若林さんから急に話しかけられるとなんか怖いです！」と言われた。

ぼくはピンマイクの調子が悪いふりをしてその場を去った。

今年ぼくは三十五歳になる。

「人間関係不得意」その後

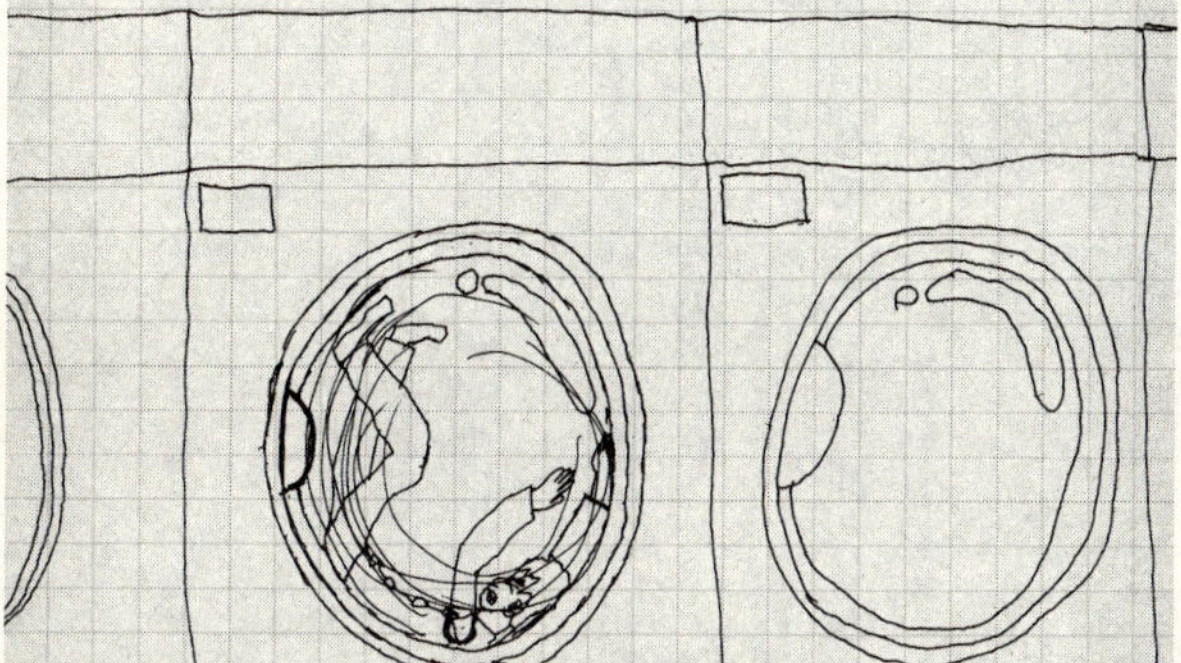

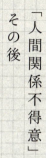

ぼくがやっているラジオに毎朝三十通ほどのメールを何年も送り続けてきていたT君の話を三ヶ月前にここに書いた。

T君は高校時代から友達が一人もおらず、朝五十問の大喜利のお題を考え授業が終わるまでひたすら解き続けるという高校生活を送っていた。その後ラジオや雑誌に投稿し続ける生活を送っていた。「人間関係不得意」を自称していたが、ひょんな流れから（三つ前のエッセイ「人間関係不得意」参照）去年末に上京することになった。

それから、毎週ラジオの現場に来ている。ぼくらオードリーは今年の八月に単独ライブをやるのでその打ち合わせにも参加している。

彼はこの半年でバイトを三回変わって今は四つ目だ。さすが人間関係不得意だ。このあいだ今のバイト先のカラオケ店でT君の歓迎会が開かれた。

カラオケを歌うように促されて、断れずにパニックになったT君はこともあろうにSex Pistolsの「Anarchy in the U.K.」を熱唱してしまい場を凍り付かせてしまった。いてもたってもいられなくなり酔っぱらってしまおうと焼酎をストレートでがぶ飲みし、気付いたら家のリビングでピザを持ったまま倒れていたらしい。

その後バイト仲間はなんとなくよそよそしくなったようだ。

休みの日は渋谷《しぶや》駅の岡本太郎の「明日の神話」を延々眺めているらしい。その話を聞いてぼくはT君の破壊衝動と自意識の拡大の一片を垣間見たような気がしたが狼狽《うろた》えなかった。二十五歳の作家志望の男として全うな休みの過ごし方だと思ったからだ。

一緒に仕事をしていてあることに気付いた。

二人で仕事をしている時はよく喋るのだが、三人以上になると途端に無口になるのだ。話しにくいか？　と問うと彼は母子家庭で友達もいなかったので三人以上の人と話す経験がほとんど無いのでどうやって話していいかわからないと言った。人が話しているところへ割って入ることができないらしい。そして、自分のアイデアが受け入れられるかどうかが怖い。と言う。

T君は宿題が出ると信じられない数のアイデアをノートに書き連ねてきてそのほとんどが字が汚くて読めない。そして、アイデアが受け入れられないとダメージが顔の表情にありありと出る。

無理もない。彼は高校時代、学校を休みたくて風邪をひこうと学生服を毎日びしょびしょにして着ていたらしい。しかし、現実は皮肉なもので風邪を引くどころかかえって身体が強くなってしまい、今ではほとんど風邪をひかない身体になってしまったようだ。

そんな孤独な学生生活の中で彼は特別になろうとした。ひたすら己の脳を鍛えることでハガキ職人として突出し、勉強やスポーツ、ルックスに対する劣等感や友達や恋人の有無をその能力で凌駕して自由になろうとしたのではないかと。

事実彼は高校時代に培ったハガキ職人としての輝かしい栄光がバイト先では全く役に立たず「一流大学在学中」というようなブランドに容易に負けるというようなことをよく言う。そういった自分のアイデンティティが揺るがされればダメージは軽くない筈だ。

今このタイミングでぼくはT君のことを書いているようで自分のことを書いていることに気付いた。彼は最近ぼくがスタッフさんと飲んでいる席に同席したりすると、この世界で生きていくイロハを伝授されることが多い。貴重な意見だ。心して聞くべきだ。

・純粋なお笑い番組は少ないので、世の中の情報にも詳しくなっておくべきこと。
・関係者には誠意を持って接し、よく飲みにいくべきこと。
・控え室の後片付けを率先してやるべきこと。
・打ち合わせで「違うかもしれませんが」と前置きをして意見を言って謙虚でいるべきこと。

　ぼくはそういった話をT君がされている時の表情からあまり心に響いていないことを読み取る。それを指摘すると彼はお酒も入っていたからかパンドラの箱を開けた。

「能力よりコミュニケーションが優先されるんですか？」

「そうだとしたら、どう思う？」

「クソだと思います……」

　一瞬場が凍てつく予感がしたがそうはならなかった。ぼくも一緒にいたスタッフさんもかつてそういった想いを飽き飽きするほど通過してきたからだ。「懐かしいな〜」と笑った。

　T君は依然として単独ライブのネタ作りには異常な興味を示すが、処世術には興味を示さない。打ち合わせの帰りにT君とこんな会話をした。

「単独ライブは全公演行ってもいいですか？」

「当たり前だろ。なんで？」

「人の反応が見られるのが嬉しくて」

「へー。お前ってさ上京する前就職もせずに将来どうしようと思ってたの？」

「わからないけど、ハガキ職人をやったままいつか野垂れ死ぬと思ってました」

「抽象的だな。今はどう思うの？」

「先のことは考えてないです。ライブまでは生きる理由があるってだけで」

「重いな！」

そんなものなのかな？　と思った。若い時ほど老い先は短く。おじさんになるほど長くなる。近頃T君を「可愛がってるね」と言われると違和感を感じる理由がわかった。初期衝動と呼ばれるようなものや〝そもそも〟を思い出させてもらってるのに、可愛がってるだなんてそんなに調子に乗れない。ライブのあと、彼の老い先が長くなっていることを願う。

クソだからこそ生き遅れてやるべきなのだ。

暗闇に全力で投げつけたもの

このコラムが書籍化された。

自分の本が店頭に並ぶなんてビックリだ。こんなことが人生に起こるなんて夢にも思ってなかった。

本屋に自分の本が売られている光景を見てみたくなって偵察に行った。偵察するには、場所的に紗栄子《さえこ》の本が平積みになっている場所に陣取るしかなく、紗栄子の私服スナップを立ち読みしながら自分の本が平積みにしてある所を見張っていた。帽子にマスクの男が紗栄子の本を読んでいる。とても怪しかっただろう。

気分が高揚していたのか、もし買ってくれる人がいたら話しかけちゃおうかなと「人見知り学部」なんてタイトルをつけた割に大胆なことを考えていた。すると横を鮮やかに刈り上げたモヒカンの男性が本を手にとった。まさか！　買うのか⁉　その男性はしばらく立ち読みした後、本を平積みに戻した。ぼくはビビって声をかけなかった訳ではない。買わなかったから声をかけなかったのだ。と自分に言い聞かせながら店を出た。

このコラムは書籍化されるなんて微塵も思わずに書いてきた。書き始めて一年を過ぎたあたりから、ブログのようにダイレクトなコメント欄なんかは無いし、ファンレターにもダ・ヴィンチのことはあまり書いてなかったので、ぼくはより好き放題書くようになった。

だから、書籍化されると聞いたときはビビった。また、昔やってたブログみたいに中二病と言われてしまうのではないかと！　その心配はいらなかった。本の帯に既に「中二病全開」と書かれていたからだ。こうなってしまうと、もう隠しようが無い。

本が出版されるとなるといろんなイベントがある。記者会見。雑誌のインタビュー。握手会。宣伝用のツイッターもやった。

握手会の会場の吊り看板に「若林正恭 社会人大学人見知り学部 卒業見込　握手会」と書かれていた。人見知りなんて銘打っておいて三百人との握手会をするという矛盾に笑った。

記者会見やインタビューで、ずいぶん「本当に人見知りだったら人前に出る職業やらないでしょ？」と聞かれた。

そういう質問をする人は根本的に人見知りを理解していない。その時は説明するのがめんどくさいから適当にはぐらかしていたけど、ぼくは本当の人見知りこそ人前に出てくるものだと思っている。

人嫌いと人見知りは違う。

本当は人に近付きたい、でも近付いて嫌われたくないという自意識過剰な人が人見知りになる。人見知りの人は周りに人が少ないから孤独感を勝手に抱き始める。そうなると誰かに理解して承認してもらいたくなる。承認欲求が芽生えると表現なんぞを始める。だから、意外と重度の人見知りこそいけしゃあしゃあと人前に出て表現したりするものなのだ。

インタビューで「この本が売れたら、ぼくと話が合う人がこんなに世の中に少ないわけないと思うんですよ。だから、売れないと思いますよ」とよく言っていた。これは照れ隠しとかじゃなくて本心だった。だって普段から「そうだそうだ。君の言う通りだ」なんて言われてたらみんなの心に刺さって売れる気もするだろうが、そんなことは言われたことが無い。いつも「めんどくさい」と言われますからね。

だからこのコラムも、もしかしたらダ・ヴィンチの読者の中にぼくと似たような人がいるかもしれない。そんな人に万が一にでも当たればいいなと、まるで暗闇に全力で投げつけるように書いてきた。

だけど、握手会やツイッターで「共感しました」という感想は予想以上に多かった。「こんなに共感しましたという人がいるなら、なぜぼくにはこんなに話の合う人が少ないのだ」と言ったら「そんな人は人付き合いが苦手で人が集まる場所に出てこないから、普段出会わないんじゃないですか?」と言ってた人がいて納得してしまった。

ツイッターで、まだ本を読んでいない人によく質問されていたのが「この本を読んだら人見知りが治りますか？」とか「真っ当な社会人になれますか？」とか「ポジティブになれますか？」という質問。これすごく多かった。

自称読書好きのぼくからしたら、読む前からそんなのはわからないよ。と思う。

あと、本好きからもう一言。これをダ・ヴィンチに書くのは勇気がいるけど本一冊で人格が変わるほど甘くはないよ。本は本気で何かをしたい人間にとっては杖やビート板のような役割をすることはあるけど、本だけの力で人間を変えることはできないと思う。だから、とめどなくダイエット本が出ては売れるし、自己啓発本も売れる。本当に変われるのなら、一冊出版されたらその一冊以降売れない筈。やっぱり本人の意思と行動ありき。本は杖やビート板。

そして、性格って変えなくていいと思うんですよ。この本を読んでくれた人の手紙に「昔からずっと考え過ぎとかネガティブ過ぎるって言われて、そんな自分が嫌でした」ってたくさん書いてあった。ポジティブな人ってさ、ネガティブな人をポジティブな思考に変えようとするけどそれ違うんだよ。

ぼくらのような人間はネガティブで考え過ぎな性格のまま楽しく生きられるようにならなきゃいけないんですよ。前にも書いたけど性格は形状記憶合金のようなもの。

なかなか変えられない。だから、変えるんじゃなくてコントロールできるようになればいい。一人でいる暇な時に限ってネガティブの穴にハマることが多い。そんな時、鳥瞰図的な視点で自分を見てみるとただソファに座ってたりベッドに横になってたりするだけなんですよね。心は荒れてるかもしれないけど〝何も〟起きてないんですよ。だから、大丈夫なんですよ。そんな時は自分と思考を繋ぐクラッチを外して趣味や家事に没頭してみたり。それを何千回と繰り返すうちに癖になって、なんとなくネガティブといい付き合いができるようになる。ぼくは自分を変えるなんてめんどくさいこと、だいぶ前に投げ出しちゃいました。

真っ当な社会人にならなきゃなんて焦らなくてもいいと思う。納得できないままでいいですよ。ぼくは今の社会を真っ正面から納得できる人なんてイカれてると思いますよ。タイトルからか「卒業ですか？」とよく聞かれたけど、「卒業見込」ってわかし逆説的な意味で付けたんですよ。だから、ぼく自身卒業するつもりも無いかもしれない。

例えばさ、ぼくのようなクズは目上の人を尊敬することで挨拶が出来るようになったんじゃなくて、社会って挨拶を丁寧にすると好感もたれるんだろ？　ビールを注ぎゃあ簡単に気持ちよくなるんだろ？　って完全に見下してからキチッと挨拶できるようになったり、ビールが注げるようになったクズなんですよ。でも、そんな入り口からじゃないと進めないような人間もいるんですよ。

本を出していろんな感想を読んだ。もちろん賛否両論あった。でも、文体とか構成なんかを褒められるより「ぼくは二十六歳のフリーターだけどこれからがんばります」っていう感想がなんだかすごく嬉しかった。

二十六歳のフリーターだけどって書いてあるってことは、それを良しとしない風潮があるんだろうな。確かに社会は正社員に有利なように作られている。だけど、自分で働いてお金貰って飯食ってんだから、原始時代でいえば自分で獲物捕らえて食ってるのと一緒だよ。

それを真っ当に生きてると言わずして、何を生きてると言うのだ。

その感想を読んだ時、暗闇に全力で投げた本が君に当たった音が、ぼくの耳にちゃんと聞こえたんだ。

青銅さん

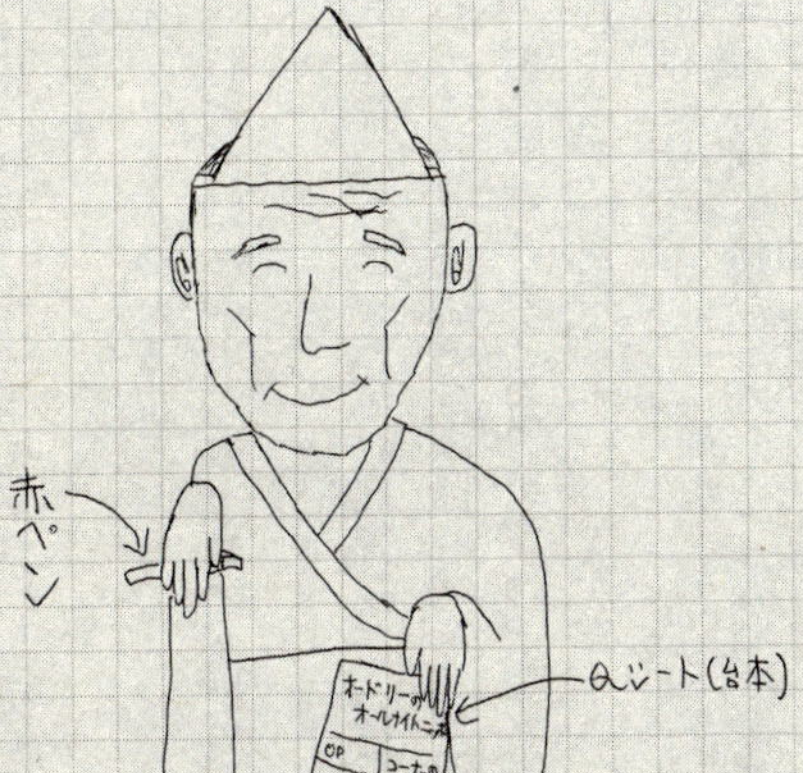
赤ペン
Qシート(台本)
オードリーの
オールナイトニ
OP
コーナー①
フリートーク
コーナー②
フリートーク
コーナー③
END

『オードリーのオールナイトニッポン』に作家で入っている藤井青銅《ふじいせいどう》さんという人がいる。現在五十八歳。スタッフの中ではもちろん一番年上だ。

青銅さんは『ウッチャンナンチャンのオールナイトニッポン』にも作家で入っていた大ベテランだ。たまに内村さんと「このあとラジオなんです」という話をすると笑顔で「青銅さんによろしく」と言われる。

今年五十八歳の青銅さんもオールナイトが終わる夜三時までニッポン放送にいる。痩せているということもあるが、三時過ぎにニッポン放送の廊下を歩いている青銅さんからはかなり霊の雰囲気が出ている。

『オールナイトニッポン』にぼくらを推薦してくれたのは青銅さんだ。四年前にオードリーを推薦した青銅さんはお偉いさんに「あのピンクのベストの子そんなにしゃべれるの?」と聞かれたらしい。「いや、隣のスーツの男が意外と喋るんですよ」と言うと「どんな子だっけ?」と言われたみたいだ。

青銅さんとの出会いは今から八年前に遡る。

当時、仕事はショーパブとライブ以外何も無かった。そんな時、若手芸人が五分ぐらいの尺で一人でフリートークをするというラジオ日本の『フリートーカー・ジャック!』という番組のオーディションがあった。どうせ多少名が知れてる芸人しか合格しないんだろ？　と、当時腐りきっていたぼくは適当な気持ちでオーディションに向かった。

ラジオ日本に着いてオーディションが始まった。順番を呼ばれたら最近あったおもしろいことを五分ぐらい話すというシンプルなオーディションだった。そのオーディションの選考スタッフが青銅さんだった。初めて会ったときは、こんなおじいちゃんがネタ見せするなんてめずらしいなと思った（当時五十一歳ぐらいだったのか。青銅さん失礼）。

今はそうでも無いかもしれないけどネタで何も結果を出していない芸人がフリートークできる場なんてどこにも無かった。ライブでMCもできないから披露する場も無い。だから、もちろん自分がフリートークできるかどうかなんてまったくわからない。確かそこでぼくは青銅さんに、二十五メートル以上潜水できたら売れる。と区民プールでずっと潜水してる。っていう話と、最後までサウナに入ってた奴が売れるとサウナにずっと入っていたらのぼせて倒れた。という話をした。

すると青銅さんは「君ね、その話おもしろいよ。本気で悔しかったり惨めだったりする話はおもしろいんだよ」と言ってくれた。

それまではただただ惨めな毎日だったが青銅さんのこの一言でぼくの日常は変わっ

た。

後輩に追い抜かれて惨めな気持ちになっても、事務所にゴミのような扱いを受けても、同級生にひどいことを言われても、青銅さんの元へ行って話すと笑ってくれるのだ。辛いことがあっても、それを話して仕事になって金も貰えるなんて最高だなと思った。

それからはひどい目にあったり、ひどいことを言われても「よし、『フリートーカー・ジャック！』で話せるぞ」と傷ついているのか嬉しいのかよくわからない精神状態になっていた。これは今でも続いていて洒落にならないことが起きても「まぁ三ヶ月後には笑い話だな」と思う。その番組にはナイツとかU字工事とかH・i・H・iさんなんかも出ていてみんな青銅さんにトークネタを聞いてもらっていた。

それからは青銅さんにまず話をして、話の構成や持っていき方やオチの付け方なんかを習った。そしてその『フリートーカー・ジャック！』の投票で一位になってぼくは初の冠番組を持つことになった。その名もラジオ日本『オードリー若林はフリートーカーキング！』というタイトル。青銅さんの悪ふざけにしても未だに考えられない。このハードルの高いタイトル。本当に新聞のラテ欄に載ってましたからね。時間は深夜というか早朝の三時五十五分〜四時の五分間。この番組がぼくの芸人人生で初めての冠番組だ。

初放送の時、ずーっと起きていてラジオを握りしめながら布団の中で聞いた。ラジオから流れてくる少し硬い自分の声がとても嬉しかった。

青銅さんはとにかく褒めてくれるので、ぼくは嬉しくていつも入り時間の一時間ぐらい前に入ってあーだこーだと話していた。落語を聞き始めたのも青銅さんの影響だ。おもしろい枕の音源をたくさん借りた。

間もなくしてその番組は終わった。その当時、褒めてくれるのは青銅さんしかいなかったので少し寂しかった。

それから三年後に青銅さんと再会して『オールナイトニッポン』は始まった。今でも本番前に青銅さんに話を聞いてもらっている。青銅さんにいつも言われるのは、リアルタイムで切実に思っていることを話すということ。そして、脱線しすぎないこと。笑。

今、青銅さんはぼくと相方にラジオで「白いブリーフを穿いている」とよくわからない弄り方をされている。そして、夜中三時に霊の雰囲気満載で帰っていく。

青銅さんに助けられて、別れて、また再会した。縁が無い人とはとことん縁が無いし、縁がある人とはとことん縁がある。

牡蠣の一生

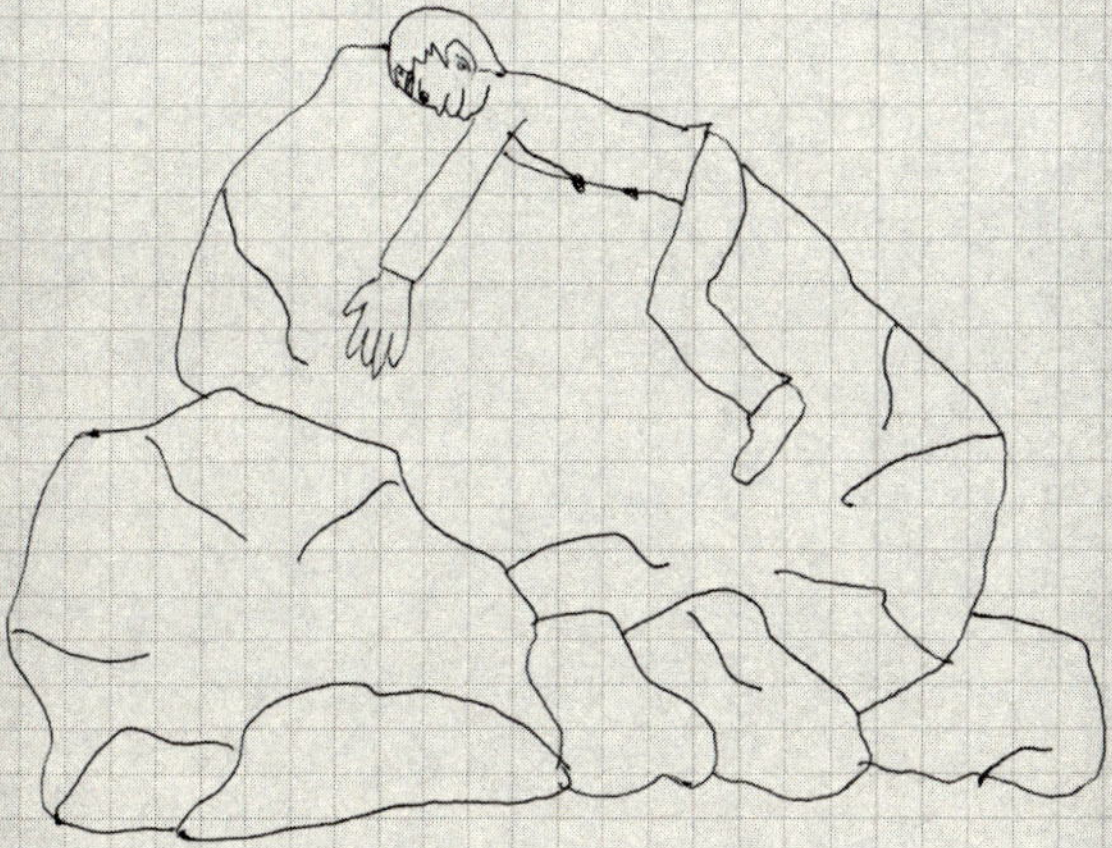

番組で海に潜って魚や貝を獲って生活するという企画をやったことがある。岩にくっついている牡蠣《かき》を取ろうとしている時にふと疑問に思った。牡蠣は岩にくっついて一生を過ごすというが、一体何が楽しいんだろうと。魚は移動するから銛《もり》で突くのがとても難しい。だが、牡蠣は発見されたらただ岩から剝がされるのを待っているだけだ。「何やってんだよ牡蠣！　逃げろよ！」心の中で叫びつつ岩から剝がしていた。

この世界に入って、普通に生きていたら出会えないかもしれない人と話ができることが最近やたらと楽しい。

ぼくのしょうもない疑問や悩みに答えてくれるおじいちゃんに出会った。七十歳だがこんなに頭のいい人が世の中にいるのか。そして、ぼくみたいなめんどくさい人間の悩みに真剣に答えてくれる人がいるのかと感動した人。職業は伏せておこう。

そこで上記の牡蠣の話をそのおじいちゃんにした。すると笑いながら「若林くんらしい疑問だね」と言った。「なぜ、疑問に思うの？」と聞かれてぼくは答えた。栄養を取り入れたりしているにしても、移動もせずに、自分から獲物を捕まえるようなスリルと興奮も無く、ただ岩にしがみついて何のために生きているのかなって。

「ふふ……」とおじいちゃんは笑って「最初から意味なんて無いんだよ」と言った。

「いいかい。この世に存在する理由には二つあって。一つは何かをしているから存在していいということ。例えば、会社にいてちゃんと働いているからその会社に居ていいって思えるみたいなこと。二つ目は生まれてきたら、なんの理由も無くこの世界に存在していいということ。

リストラされたりして自殺しちゃったりする人は一つ目の理由が全てだと勘違いしている。リストラされたら会社にも家庭にも自分は存在しちゃいけないような気がして死んでしまう。何もしていなくてもこの世に居ていいのにね。

だからホームレスを少年が襲ったりしたら捕まるでしょ。それは大事な大事な二つ目の理由を侵す行為だからなんだよ。そして、少年たちは一つ目の理由ばかり大人に教わっているからその犯罪行為を悪いこととあまり思わないのだろうね」

ぼくは学生時代、学園祭が終わって実行委員が涙を流しながら「がんばったね」なんて言って抱き合っているのを見て、お金ももらえないしそんなにがんばって何の意味があるんだろうって思って眺めていたクズだ。みんながバーベキューをしたり、仮装パーティーなんかをしているのを見ながらはっきりと「何の意味があるんだろう」と疑問を持っていた。そして、それをしている時に「意味ないじゃん」と感じるから楽しくない。お笑い芸人になりたいのだから、そんなことしているならライブでも観に行こうと思っていたものだった。

でも、おじいちゃんの話を聞いていてハナから意味が無いとしたら、せっかくだから楽しいことをしたいよなって思った。

逆だったのだ。

何かをしているのに意味が無いのではなくて、意味が無いからこそ〝せっかく〟だから楽しいことをするのだ。ぼくはいままで、一つ目の理由を増強しようとして、それに追いつかない。ぼくに必要だったのは、二つ目の理由をもっと感じることだったのだ。

おじいちゃんは「私はね、例えば今車で事故を起こしてしまって全財産を失って仮にホームレスをやらなくてはいけなくなったとしてもね、今日は食べ物を見つけることが出来たってことを楽しみに生きて行くよ」だって。

そして唐突に「若林くんはなんでお笑いやってるの？」と聞かれた。

答えられなかった。

「人を笑顔にしたいから」なんて言葉は昔からしっくりこないし、あまりにも厚かましい。沈黙しているとおじいちゃんは「ぼくはね、普通の会社員だったらとっくに定年になって隠居していていい歳だよ。でも、なんでまだ仕事を続けているかっていうとね……おもしろいからだよ」

「若林くんも、おもしろいからやってるんじゃないの？」

ぼくは少し気が楽になった。

ぼくがお笑いをやっていることに使命のような大仰な意味なんてもちろん無い。意味なんて無いからこそ、せっかくだからおもしろいことをやりたくてやっているだけ。もしそれが持続できなくなったとしても、ぼくには牡蠣のように生きる権利が圧倒的に残っている。

街を歩きながら一人一人にあの人もあの人もみんな存在していい人達なんだなって思った。

牡蠣ってすげぇなって思った。岩から剝がして食べたけど。

十年ぶりの失恋

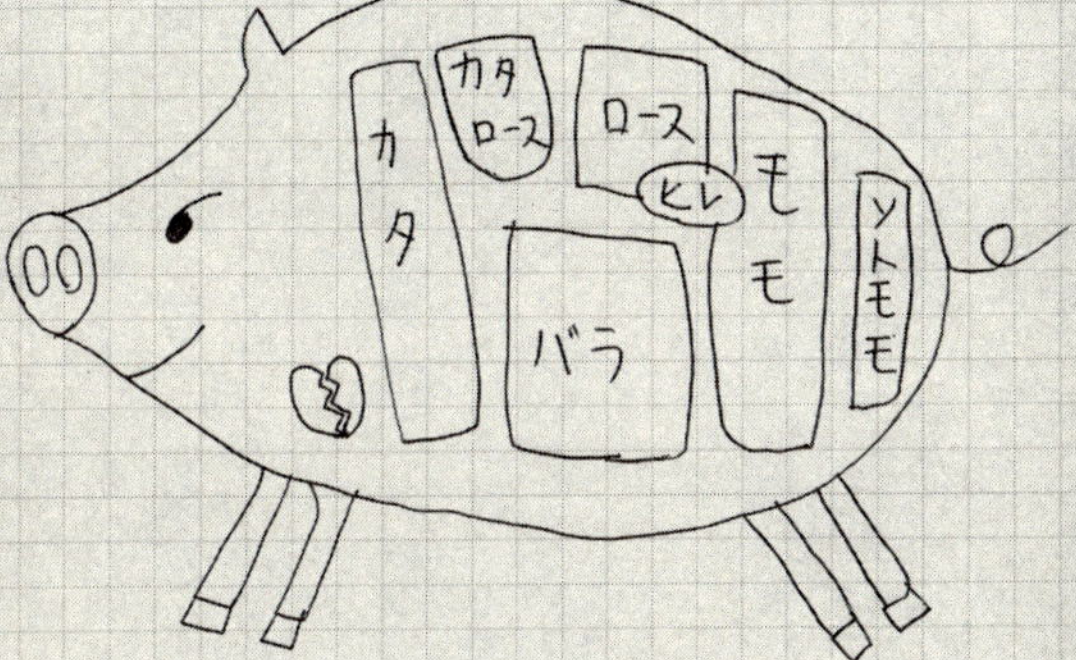

三十五歳にもなってみっともない話なんだが、つい最近十年ぶりに失恋した。一緒に居たら楽しいだろうなと思う女性に「そういう風に考えたことがない」という理由でフラれた。ダメージは軽くはなかったのだが、そうはいっても二十代の頃よりはだいぶマシなもんだな〜と、散歩先の公園で仁王立ちしながら誇らしい気分だった。ぼくは女性にとって〝そういう風〟じゃなかったぐらいで、自分のことを否定するような繊細な人間ではなくなっていた。

二十代の半ばで付き合っている彼女に振られて過呼吸になったことがある。一度、その模様を再現VTRにしてスタジオで見るという仕事があった。今までした仕事の中でもベストスリーに入るぐらい恥ずかしかった。失恋したぐらいで自分を見失う程度の精神力だということをわざわざ公共放送で全国にアナウンスされることが恥ずかしかったのだ。

当時、フラれた翌日街を歩いていて草木がちゃんと生えていて、世界が壊れていないことに驚いた。オレが彼女に振られたのだから、交通機関は麻痺して、ライフラインはストップしていないとおかしく感じた。四日間氷しか食べられなかった。バイトをしていても漫才をしていても彼女のことを思い出してしまうので、ボソボソとテンションの低い漫才になってしまっていた。記憶をなくせる方法はないか本気で検索した。しかし、そんな都合のいいものはなかった。

忘れるためにいろいろな方法を試した。汗をかけば爽快感で忘れられるのではないかと走ってみたが、これはダメだった。走って息を切らしている自分を彼女に「まさやす、がんばったね」と労って欲しくなってしまうのだ。

広い海を見れば自分の悩みなどちっぽけなものだと感じられるのではないかと海に行ってみた。しかし、海を見ていると彼女に横にいて欲しくなってしまいダメだった。そして一人砂浜から「もう一度だけ会えないかな？」とメールを送信してしまい、そのメールを無視されて傷口に海水を塗る結果となってしまった。

嫌いになれば忘れられるのではないかと、彼女の嫌な部分をひたすらノートに書いてみたりもした。これもダメだった。「すぐキレる」と書いても「キレさせる原因はオレにあったじゃないか」といつのまにか彼女を否定するのではなく、自分を否定してしまうからだ。そして、こんな自分だからフラれたんだとさらに泥沼にハマっていった。

アイドルにハマろうとしてみたり、壁に体をぶつけるという自傷行為をしてみたりしたけど、どんな方法を試してもダメだった。

彼女になぜここまで執着してしまうのか。

社会や世界から何も認められていない気になっていたぼくは、彼女に承認されるということが唯一のこの世に存在していい理由だったのではないか？

執着の理由はそこだなと突き止めた。

だから、フラれた次の日に「この世にいてもいいビザ」を失効したような気持ちになっていたのだ。だから、世界が何食わぬ顔で連続していることが不思議だったのだ。

彼女に認められずしていかにこの世に存在してもいい理由を生み出すかを考えた。

結論は、貰えないのだから作るしかない。というものだった。

「絶対成功するよ」「今のままでいいよ」という、彼女に貰っていた言葉を自分で自分にかけるしかないなと、恥ずかしながら自分を褒めるノートを書き始めた。

それはもうバイトに休まず行った自分から、漫才の中の唯一ウケた一つのボケから、トイレを掃除したことから、とにかく自分を褒めまくった。

効果覿面《てきめん》だった。さらに書き溜めたものを読み返すと、自分の良い部分だけが編集されていて自分のことをこの世にいてもいい人間に感じられた。

書いていて気付いた。あぁ、自分は自分の欠落感を埋めてもらうことばかり考えていて、彼女のことを何も見てあげてなかったな。本当に申し訳ないことをしたなと。

そして、自分に価値を感じられるようになってからは風邪のウィルスが体外に排出された後のように元気になった。そして、彼女の幸せのために彼女を忘れようと決心できた。

自分に自信がつくと一人で生活ができる。一人で生活ができるようになってやっと人と付き合えるんだなってことに初めて気付いた。

十年後、ぼくは公園で仁王立ちしながら失恋を見下していた。「あの子と映画を観に行きたかったな」とか「あの子と熊本の温泉に行ってみたかったな」とか思ったけど、今できる一番楽しいことをしようと家に帰ってすげぇいい豚肉で生姜焼きを作って食べた。なかなかやるようになったたな。と自分を褒めた。

ノートには書かなかった。豚肉が美味し過ぎてそれどころじゃなかったから。

芸人のタブー

お笑い芸人という職業柄イジられることが多い。キャラクター的に少ない方ではあるが、イジられることがある。イジられて、キレてしまうことはこの世界ではタブーとされているようだ。たとえ人生のかかったお笑いコンテストで落選しようとも「お前すべってたな」とイジられたら笑いの作法に則って返さなくてはならない。親をバカにされようと、携帯の中身を無断で見られても勿論キレてはいけない。

それでもキレてしまったことがある。

お笑いを始めたての頃、渋谷の駅前で信号待ちをしていた時に急に後ろからお尻に蹴りをくらった。ぼくは振り返りざま蹴り返してしまった。相手は事務所の先輩だった。蹴り返すやいなや「すいません！　知らない人に急に襲われたかと思いまして！」と謝った。

嘘だった。

その頃は常にむしゃくしゃしてたし、振り返った時に小柄な先輩だということも確認してのことだった。先輩は「お前芸人向いていない」と言った。「痛い！　なんすか急にー！」と言いさえすれば良いものを、今振り返ると申し訳ない気持ちでいっぱいだ。

若手芸人がイジられてキレてしまうと噂がすぐに回ってくる。昔、身長が低いことにコンプレックスを持っていた芸人がいて靴の底が四、五センチあるようなものしか履かなかった。だから、その人のコントの設定は全部屋外の設定だった。家の中だと素足でコントをやらなくてはいけないからだ。

そういったコンプレックスは芸人の大好物だ。放っとくわけが無い。

ある日楽屋で案の定靴を隠された。出番前「誰だ！　オレの靴を隠したのは！」と言ってみんなも笑っていたが、出番が近付きついにキレてしまった。隠したであろう人物に殴りかかり、それを楽屋のみんなで止めた。これはいい加減にしなきゃいけないということで隠した側も靴を差し出した。その芸人は靴を履いて、次の瞬間舞台上でティッシュ配りのコントを明朗に演じていた。

そんな光景を見てきたのでイジられている時にキレちゃいけないことぐらいはわかっているつもりなのだが、このあいだ本番収録中に久しぶりにムッとしてしまっている自分に気付いた。

トーク内容はぼくが彼女がなかなか出来ないという恋愛に関するものだった。するとカリスマ気味の女性タレントが「もっと自分をさらけ出しなよ！」と言った。その瞬間ムッとしてしまったのだ。その時の心の中はこうだ。

「お前のような人間は周りが気を遣うから自分とやらをさらけ出せるんだろうが、大半の人間は自分なんかさらけ出して生きられないんだよ」

でも、それは口に出来なかった。上手く笑いに出来る自信がなかったからだ。それにムッとしてしまうと上手く返しが出来なくなり、愛想笑いをしているうちに終わってしまった。

その話を芸人仲間としていると、どうしても返せないことってあるよねという話になった。くじらという芸人は親がマンションを二つ持っている金持ちのボンボンだということを言われるとムッとしてしまって返せなくなるらしい。親のマンションのおかげで二十歳からバイトをしないで芸人を続けてこられたのに太ぇ野郎だ。ビックスモールンのゴンという芸人は後輩に「スベってましたね」と言われると返せなくなるらしい。先輩だと大丈夫なようだ。

他人事となると、ボンボンなんかフリに使えて便利そうだし、後輩に「スベってましたね」と言われても「お前も大してウケてねーだろ！」で終わりそうなもんなのに当人はそうもいかない。結局、事実でありコンプレックスと感じていることは上手く返せないんだろう。

ぼく自身、男性に「もっと自分をさらけ出しなよ」と言われても何とも思わないが、女性に言われるとムッとする。

ということは女性の前で自分をさらけ出せなくて、いいカッコしようとしてしまうことがコンプレックスなのだろう。ただ単に「背が低い」と言われるのは平気だが、シークレットブーツを履いている時に「〝実は〟背が低いよね？」と指摘されると上手く返せなくなるんだろうな。

とまぁ、ここまで話してコンプレックスなんてゼロに出来るわけ無いんだから返せないことの一つや二つあるよねー。ってことで話は終わった。

「そういうお前は
何が楽しいの？」

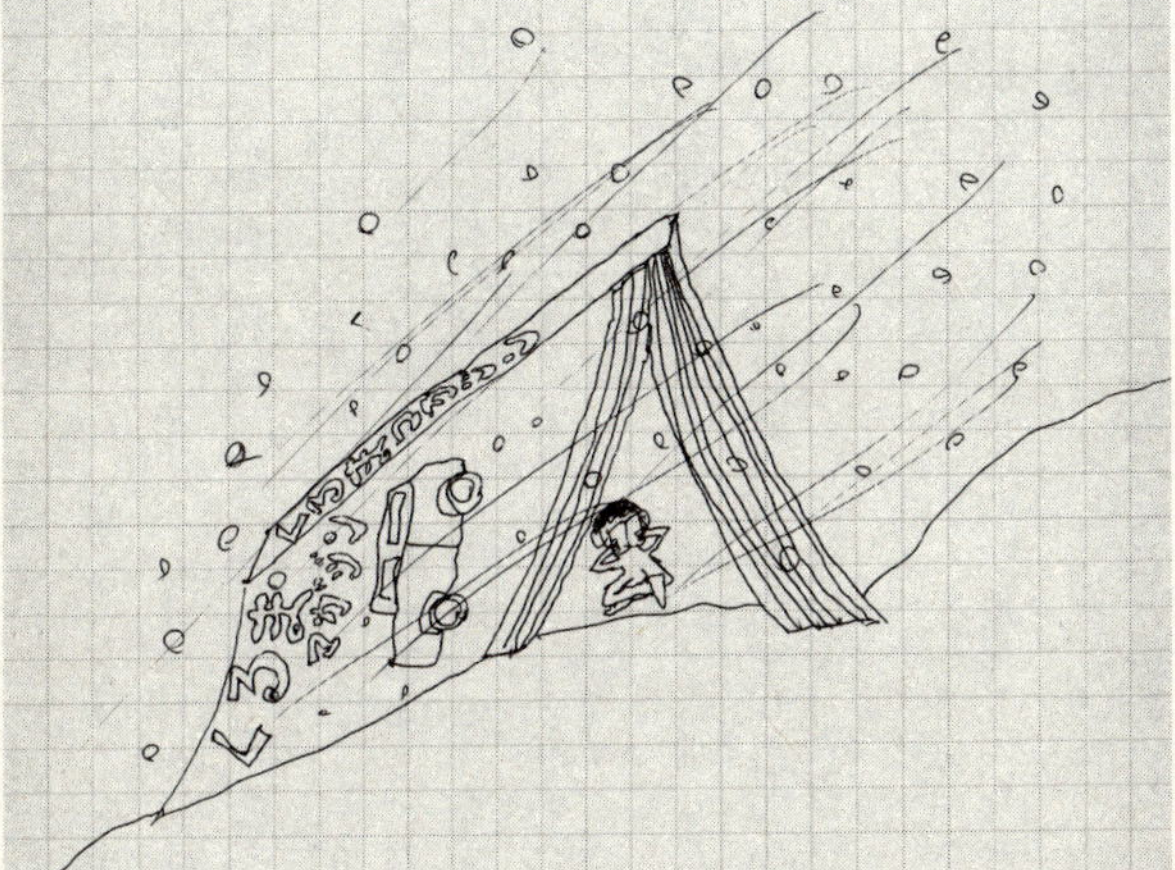

このあいだ、とある登山家の方に聞いた話が面白かった。吹雪やなんかで登ることも下りることもできなくて、テントで待機しなければいけない時に一番体力を消耗してしまうのが考えることだと言うのだ。特に自分について考えるのは体力を消耗するらしい。この後、吹雪がおさまって登山を開始する、数時間後にはあの辺りなどと考えるとどんどん先のことを考えてしまう。下山したらあれやりたいな、なんて考えた所で未来への想像力がストップして、今度は過去のことに思いを馳せるようになる。その先で自分のことなどを考えたりしたら最後、どんどん体力を消耗してしまう。私の場合はね。と言っていた。では、テントの中で何をするんですか？　と聞いたら本を読むのが一番疲れないと言っていた。

芸能界の大御所にいろいろ相談するという企画があった。相談を受ける側の人達はスターと呼ばれる人達で、積んでいるエンジンがぼくとは違うのであまり引っかかる言葉は無かったが、ある言葉が胸に刺さった。

「君はなんでも俯瞰で見てしまうから楽しめないんだよ」

ああ、自分は確かに俯瞰で見てしまっているなと思い当たる所があった。なんとなく楽しめない時にはいつもこの気持ちがある。

例えば、ぼくは自分の誕生日会が開かれることに強く抵抗したことがあるが、それは「誕生会を開いて祝ってもらっている自分」というものを俯瞰で見た時に耐えられないからだ。途端に楽しめなくなる。

では、この俯瞰というものをただの自意識過剰と捉えて、それを排除することにより色んなことが楽しめるようになる努力をしたいかというとそうでもないのだ。

そんなことをしても無駄だからだ。

楽しいという気持ちはいつも内側から湧いてきて、日頃からぼくにこびりついている俯瞰の目線を徹底的に消失させる。俯瞰の目線で見なくてもいいぐらい楽しいことを見つけるしかない。

昔誰かに「何してる時が楽しいの？」と聞かれて、毎日つまらねーなと腹の底から感じていたのでなかなか答えられなかった。しばらく考えた挙げ句「草野球で三塁ベースを蹴ってホームに向かう時」と答えた。共感は全く得なかった。

だが、今繋がった。

ホームに向かう時ぼくは自分を俯瞰の目で見ていない。ホームだけを見ている。

昔、本屋で画集を座り込んで見ていたところを先輩に見つかって「お前、代官山《だいかんやま》の本屋で画集とか見ちゃうんだ？」と笑われたことがある。ちょっと前から流行り始めたよくある揚げ足の取り方だ。その時は頭を掻くしかなかったが今なら聞ける。「あなたが楽しいと思うことはなんですか?」と。

それからぼくは俯瞰で自分を見なくても済む行動を思い出した。アメフトのスーパーボウルをアメリカで観戦した時。あまりの楽しさに吐き気を催した。

ライブをしている時。次の台詞しか考えていない。

サイパンでジェットスキーに乗った時。ヒャッフォー! と叫んで友達が引いた。

そして、最近気付いたことなのだが、車での移動中に他の車を見て「あの車かっこいいな。あれはなんていう車だろう?」とよく調べているのだ。その時俯瞰で自分を見ていない。

ぼくは車を買うことにした。自分にしては珍しく大きな出費だ。そして、最近ではカスタム雑誌を買って読んでいる。自分の車のホイールを黒に塗りたいからだ。趣味と言えば散歩しかなかったぼくも変わったものだ。芸人仲間に言われた。「自分で運転したら見えもしないのにホイールを黒に塗って何が楽しいの?」と。ぼくは聞き返した。「そういうお前は何をしている時が楽しいの?」と。

返答の中に羨ましいものはなかった。だが、尊重した。

ぼくは吹き荒れる雪山のテントの中で車のカスタム雑誌を読んでいる。

「人間関係不得意」
完結編

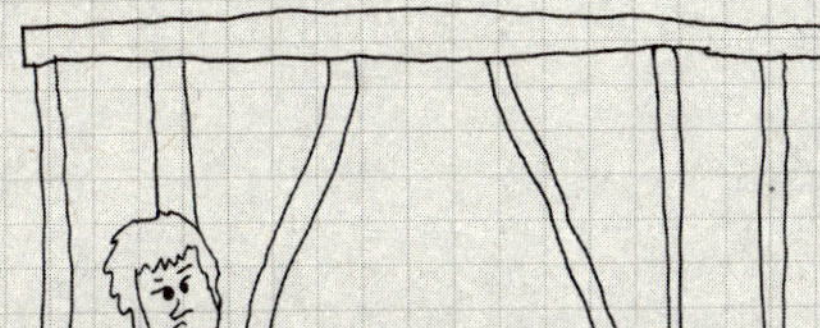

この間、動物園のロケに行った時に気になるチンパンジーがいた。眺めていると檻から唾を吐きかけてきて、さらには下手投げでうんこを放ってくる。

ロケが終わった後もなぜだか気になって眺めていた。私服に着替えていたので、うんこがついたら最悪だ。唾やうんこを避けながらチンパンジーに惹かれていることに気付いた。そうだ。こんな檻に入れられたら当然唾を吐きかけてやるべきだし、うんこを投げつけてやるべきなのだ。

このコラムに何度か登場した作家見習いのT君。彼は高校時代に友達は一人もおらず授業中は毎日五十問の大喜利をひたすら解きつづけていた。そして、人間関係不得意を自称していて、そのせいで作家として入った事務所を一度クビになっている。その後、オードリーのオールナイトニッポンのハガキ職人を経て、放送作家になるべく大阪から出てきた二十五歳の青年だ。

Tは今年の八月に行われた単独ライブのネタ作りに毎晩のように参加してくれていた。ファミレスなんかで二人で作業していると、才能と実力もさることながら何より集中力がすごかった。五、六時間平気で机に向かっている。好きこそ物の上手なれの見本のような男だった。

ラジオで彼の話をたまにしていたこともあって、興味を持ってくれたスタッフさんが彼を企画会議に呼んでくれた。有り難い話だ。Tは企画書作りやリサーチなどの勉強も始めた。

作家への道は順調に見えた。

ある日そばを食べているとTの元気が無いので何かあったかと尋ねた。

「企画書を書くのが辛いのでやめたいです」

ビックリして理由を問うと、

「パソコンが使えないんです」という答えが返ってきた。

その時初めて気付いたぼくもぼくなのだが、Tがパソコンを扱っているのを見たことがなかった。いつもお互いにノートとペンだから気付かなかった。

アイデアはあるのだが企画書を書くためにパソコンの操作方法を調べていると夜が明けてしまい結局書けず終いという日が続いたらしい。少し勉強すればパソコンなんて出来るようになるもんだと思っていたがTにとっては違った。そして、ネタ作りなどには興味があるが、リサーチや企画書作りはやってはみたものの興味がわかないとのことだった。「いろんなことをやりながら、みんなネタとかもやってるんだよ」と説明した。しかしTは言った。「企画書作りもバイトするのも僕にとって一緒なんです」

ぼくはそばをのどに詰まらせながら「え? じゃあ作家の道はどうするの?」と聞いた。すると「作家で飯を食うことは諦めます」とTはハッキリとした口調で言った。

頭の中が混乱した。

理由を改めて問うと、初めての東京、一人暮らし、作家見習い活動などでのコミュニケーションにも相当無理をしていたことがわかった。会議などで発言したいと思っても、もしお門違いなことを言ってしまったらどうしようという気持ちがわいて発言できないとのことだった。

気付けなくて申し訳ない気持ちになった。「適当に身に付くもんだから気にすんな」と言った。未だに人見知り芸人と言われるぼくがよく言えたものだ。それと「三年も謙虚なフリをしていれば大人は話を聞いてくれるようになる」と付け加えた。

それでもTは首を縦に振らなかった。

説得するべきか、納得するべきか悩んだ。正直、根気が足りないという気持ちもあるにはあった。知り合いにも相談した。しかし、「ゆとり世代」というような言葉で片付けることなどもちろんできなくて、友達もおらず、十年間ラジオにハガキを送り続け、一般参加型の大喜利番組で表彰されまくり、高校時代に母親に「友達などいないから修学旅行に行きたくない」と言ったら「シティボーイズのDVDを買ってやるから」という約束でなんとか参加したという、とにかくお笑いが好きな一人の男が「好き」という気持ちを守るために悩んでいる姿がただ目に映っていた。

Tは「好き」を守るために引き返すことを選ぼうとしていて、ぼくは「向かう」ことを勧めていた。そしてぼくは「好き」だったらライブの後で充実感を感じれば、また続けたくなる筈だと予想してそれに賭けることにした。

しかし、彼はライブの日を迎える一ヶ月前に突然「大阪に帰ります」と言ってきた。お笑いの放送作家を目指す気がない今、東京にいる意味がないとのことだった。

ぼくは引き止めた。

俺たちみたいな人間こそ経済の中で我慢しながら好きなことにしがみついて、その先で市場からお金を巻き上げてやるべきなんだと。そんなことを言った。

しかし、彼は大阪に帰った。

「僕はただのお笑い好きでした。いろんなことを我慢して好きなことをやろうとしている皆さんほどお笑いを愛せていませんでした。それと、金持ちになんかなりたくもないです」という殺傷能力の高い言葉を残して。

休みの日に渋谷の「明日の神話」を一日中眺めているような男に、なんて無粋なことを言ってしまったのだろうと自分の薄さを呪った。

ただ彼は、単独ライブは東京に観に来たいと言った。しかも、四日間六公演全てを。自分が人生で一番真剣に取り組んだことをこの目で見たいと。

今回の単独ライブを六公演全て客席で見たのはT君ただ一人であろう。

初日の一公演目が終わってTは楽屋に顔を出した。「おもしろかったです」という一言を残して去っていった。

ぼくはTが満足気な顔であったことを思い出して、もう一度気持ちを新たに東京でやり直すよう説得しようと考えた。あれだけお笑いが好きで、それしかやってこなかった男なのだから、絶対飯の種にするべきだ。

仕事も、学生時代の勉強でもスポーツでもそうだったけど、努力すると結果が出て、結果が出ると褒められて、褒められると楽しいものっていうイメージが定着して、だからまた努力してっていう、良のスパイラルを巻き上げれば巻き上げるほど経済の世界にうまくハマっていく。そしてそういう人たちを経済の世界は優遇する。ぼくやTのような人間は良のスパイラルを、まさに逆に巻き下げているような人間かもしれない。

だからこそ、最初の一つ目の結果だけでもTに味わってもらえば何かが変わる気がした。

三日目の昼公演と夜公演の間。

奴を引き止めるチャンスはここしかなかった。新宿のデパートのそば屋に誘った。なんと言葉をかけて引き止めるか思案していたが、結局十割そばと二八そばの違いを説明する以外は会話をしなかった。

ただのお笑い好きであることを悟っていて、金持ちになんかなりたくなくて、更には何やらやりきった顔をしている、二十五歳の男を前に何も言葉が出てこなかった。

「もったいない」という想いと「おせっかい」という言葉がミゾオチの辺りで衝突して粉々に砕け散った。

最終公演を見終えてTは大阪に帰った。

Tは今も誰がやるでも無い漫才やコントの設定案を一日に百個も書いているらしい。

Tの動向を聞いてきた人にその話をするとみんな「なんだそれ」と言う。

違う。ただただ楽しいんだよな。

「東京に来たことを後悔しているか？」とぼくはTに聞いた。自分の罪悪感と後悔を拭うためだろうか、そんな質問をした。

するとは奴は檻から出た状態から「宝物」という言葉を投げつけてきた。ぼくは直撃しないように避けるので精一杯だった。

一回目で宝をゲットできたならたいしたもんだよ。
二回目はやっぱり大金をゲットして欲しいな。

グランドキャニオン

出不精だ。

季節の変わり目に服を買いにいかなきゃいけないなんて最悪だ。人混みも嫌だし、試着してズボンの丈を詰めるために待針を刺すとかも嫌だ。店員は「若林のクセにうちの店に来やがって」と思うに決まってる。だから服は全てスタイリストさんから買い取っている。

買う服を決める方法がある。本番前に着替えてメイク室に行ったときメイクさんに「それかわいいですね」と言われたものだけを買い取っている。誰かに「それ買ったの?」と聞かれても「スタイリストさんの服を買い取ってるんだよ」と言えば自分のセンスは疑われないという保険付きだ。

電化製品を買いにいくのもめんどくさい。ロケの時についでに買うことが多い。とにかく街を歩きたくない。それでもぼくには出掛けなきゃいけない理由がある。

週に一回ラジオをやっているからだ。

そこでは毎週あったことをトークしなければならない。そうそう毎週おもしろいことなど起きるわけではない。だから水曜日の夜あたりに話すことが無いことに気付くと焦る。どこかに出掛けて話を作らなければなーと焦る。

ネットでおもしろそうなスポットを探しても見つからず、「あぁめんどくさい」と言いながら近所のキャバクラに行くというわけの分からないことをしている。キャバクラ嬢のお昼の仕事だけでは食べていけない話を上の空で聞いて「早くセットの時間が来ないかな」と授業の終わりを待つ学生のような気持ちになる。挙げ句おもしろいことなど起きず「なにしてんだろ」と呟きながら家に帰る。

去年のクリスマスに社会人が集まるクラブに行って来た。サンタの恰好のコスプレをした女とスーツを着た男がいっぱいいて、マライア・キャリーのクリスマスソングがかかると一斉にダンスフロアに男女が傾《なだ》れ込み大盛り上がりになったのを見て舌打ちしてクラブを出た。

会いたい人とやりたいことはあるけど、行きたい場所はないのかもな。

お正月休みを利用してラスベガスに行って来た。ぼくはガイド本やネットでおもしろそうなスポットを調べまくり、出掛けまくった。夜はカジノでギャンブルもするのでほとんど寝ずに三日間を過ごした。アグレッシブに出掛けまくる自分と寝ない自分に驚いた。

特にグランドキャニオンに行った時は興奮した。

どこまでも広がる広大な渓谷を見ながら、自分を取り囲んでいる（と錯覚している）価値観は狭く限定されているものであることに気付いて気持ちよかった。『社会人大学人見知り学部 卒業見込』に書いてあることはその範疇のことであることにおそらく初めて気付いた。

よく自意識過剰に関して「お前のことなど誰も見ていない」というアプローチをする人がいるが、違うな。狭い所にぎゅうぎゅうに集まってどっちがイケてるか、マシか気にし合っているな。お互いに揚げ足を取られないように気をつけ合っているな。でもそれは一画の中だけのことで宇宙全体のことじゃないんだ。なーんだ。早く言ってよ。この広大な渓谷からの視点をぼくは絶対に東京に持って帰って保存し続けるぞ！ と意気込んだ。そして、こんな気持ちにさせてくれる場所が世界にたくさんあるならもっともっと出掛けたい。もっと一画の中だけだって、もっと小さいことなんだって感じさせてくれ。

二十代の頃はお金がなくて海外旅行なんて考えたことも無かった。帰りの飛行機が羽田《はねだ》に着いた時少しあけすけになったぼくの気持ちを恥と世間体と見栄の向かい風が大きく減速させて地面に停止させた。

その足で番組の新年会に行った。刺身の器がとても綺麗で味はいつもより繊細に感じられた。ぼくはスタッフさんに対して生意気にならないように気をつけていて、意外なことにそれは少し楽しかった。

ぼくはこの国と海外旅行が好きな多くの人のひとりだ。

本屋の旅行ガイド本のコーナーでいろんな国の本を読み漁っていた。自分には行きたい所がいっぱいあることがとても嬉しかった。

スター性

お笑いの世界に入ったのは、恥ずかしながら自分のことを少なからず才能のある人間だと考えていたからだ。

少なからず。と書いたが、だいぶ。だったかもしれない。

自分に人を笑わす才能があるのかもしれないと初めて思ったのは高校一年生の頃だ。この学校で誰が一番おもしろいか？　という話になり、ぼくの名前を挙げた友人がいた。その友人は別の人物の名前を挙げた生徒と口論を始めた。「絶対、じゃり（当時のぼくのあだ名）の方がおもしろい！」と目の前で何度も連呼されてぼくはとても居心地が悪かった。その友人の連呼は止まることが無かった。そして、次第に語気は強まり別の生徒の名前を挙げて頑として譲らなかった生徒をついには殴り始めたのだ。

唖然とした。自分がおもしろいかどうかで人が殴り合いをしている。ぼくは「おれはそんなにおもしろくないから！」と言いながら二人の間に入ってケンカを止めた。その時ぐらいからもしかしたら人を笑わす才能があったりするのかな？　と勘違いし始めた。

そして、勘違いしたままこの世界に入るのだが自分に特別な才能が無いことに気付くのに時間はそうかからなかった。まずライブでウケないし、「M－1グランプリ」の予選一回戦で落ちたりしたからだ。

そして、先輩の芸人さんが裸で股間の部分を楽器のベースで隠しながら歌い、その後舞台の幕を引きちぎり始めた時は自分には才能以前にエネルギーが欠けているのではないかと愕然とした。

今も自分の矮小さを感じる場面は多々ある。スタジオにはいろんな才能を持った人がたくさんいるからだ。

ルックスの良さももちろん才能の一つだ。俳優さんや女優さんはびっくりするぐらい美しい。男の子のアイドルと番組をやっているが、本番前の前室で話していると飛び抜けてかっこいい顔面を見ながら数十分話す。すると、それに目が慣れてしまいその後トイレに行って自分の顔を鏡で見ると「なんだこのシケタ面は!!」と腰を抜かすことが何度もあった。

スポーツ選手に会えたりするとその体の大きさにまず天賦を感じるし、同じ競技に参加して足に摑《つか》まった時は本気で金属の棒かなにかが入っているのではないかと疑った。

才能は目や肌で感じられるものだけではない。狩野英孝《かのえいこう》くんにドッキリをかける仕事をしたあと仕掛人だったので謝りにいった。ドッキリのあとによくあるご挨拶で「ごめんねー」「勘弁してくださいよー」みたいなノーサイドを確認し合うようなものである。しかし狩野くんは「ごめんね」とぼくが言った後、真剣な表情で「正直ファンは悲しみます」と言った。ぼくはその時に「天才だ」と頭の中で呟いた。この主観の強さが彼が愛される理由に違いない。主観の強さ、客観性の希薄さを持っている人は強い。主観の強い人のエネルギーに、客観により自分を制御しながら生きている多くの人は惹き付けられて「スター」と呼んだりするのであろう。

こんなことがあった。ある先輩の性格に難があるということで、公開裁判をするというテレビの企画があった。そこで、普段レギュラー番組で共演しているぼくに出演して欲しいという依頼が来た。しかし、ぼくは学生時代からその先輩をテレビで見て笑っていて、何だったらつまらない日常を楽しくしてくれて本当に感謝してしまっている。だから、中途半端にクレームを言ってもボロが出てしまうと判断してその仕事を断った。

しかし、そのオンエアを見た時に驚いた。後輩である芸人が「まるでリスペクトなどしていませんよ」とばかりにクレームを連射してスタジオを沸かせていたのだ。ぼくはテレビの前でスターとはこういう人のことかと背中に冷たいものを感じた。スターには主観の強さと、リスペクトの（ある程度の）欠如は必要なものに入るのではないかと感じたからだ。

このあいだ学生の漫才を見るという仕事があった。学生の漫才は見事に構成されていて隙がなかった。それを見ていて思い出したことがあった。昔、ネタ見せのダメ出しでよく「○○さんに似てるね」と言われていたのだ。学生時代からお笑いライブに一人で通っていたぼくは自分が面白いと思うことを形にするよりも、面白い人達と同じ体験をしたいがために同じような構成でネタを作ってしまっていた。しかも、かなり質の落ちるものだ。これは始めてから五年ぐらいは言われていた。過度なリスペクトはオリジナリティを奪う。だから、最近打ち上げなどで「僕らどうしたらいいですかね？」と後輩に聞かれても、「偉そうに言えないよ」なんて自己防衛しながら学ぶべきは自分がやりたいことを形にするためのロジカルな思考法なんじゃないのだろうかと心の中で考えていたりする。

今日も天賦の才を持つ人や、主観が強かったりする人に囲まれてひな壇に座っている。過度な客観性が一周して強烈な主観になったりしないものかなと僅かな希望について考えたりしたこともある。

しかし、最近はもうどうでもいい。主観の強さや天賦の才がないことはどうでもいい。当たり前のことだけど、どこの誰にでもその人にしか感じられないことがあるからである。

イライラする人

このあいだ、お笑いの業界以外の人達と飲み会をした時に、その人間性に対して激しくツッコミを浴びていた人が、酔いに任せて「テレビが人の揚げ足ばかりとるから俺まで被害を被るんだ！」と叫んでいた。

その飲み会の帰り道、タクシーの中でそのことを考えていた。収録でも飲みの席でも、元々完璧な筈の無い人間の欠点を、鬼の首を取ったかのように指摘して悦に入っている人をよく見かける。ショーとして楽しめる範疇であれば良いが、度が過ぎると確かに気持ちのよいものではない。

昔、先輩がすしをおごってくれるというので丁度同期の芸人といたぼくは喜び勇んで先輩の待つ寿司屋に向かった。お金がないときは特にすしや焼き肉をおごってくれる先輩は天使のように見えた。着くと、先輩は激務で疲れているのか機嫌のいい顔ではなかった。「自由にたのんでいいぞ」というので機嫌が悪そうな先輩の顔をうかがいながら、ぼくはまずイカから攻めた。それに対して同期はメニューを見たままなかなか注文しない。機嫌の悪そうな先輩を横にして萎縮しているように見えた。ぼくが二つ目のネタのエビを頼んだところで先輩は同期に「いつまでメニュー見てるんだよ」と言った。萎縮が裏目に出たな。と不憫な気持ちになった。同期は「はい！すいません！」と返事してぼくと同じようにイカとエビを注文した。その後、同期はイカやエビなどのこういっちゃ悪いが、すしとしてセンターに立てないようなネタを注文し続けた。すると突然に先輩は同期に「もっと高いネタも頼めよ！　人の顔色うかがってんじゃねぇよ！」と怒り始めた。

「あちゃあ」と頭を抱え込みたい気分だった。先輩のご機嫌斜めを気にするあまり、大ネタを頼めず逆に先輩の機嫌を逆撫でしてしまったのだ。ぼくはそれを聞くや否やすぐさま中トロを注文した。なぜ、中トロかというと大トロだとあまりにもあからさまに映るかもしれなかったからだ。先輩の説教は止むことは無かった。「〇〇（↑売れている先輩）なんかは先輩におごってもらうときでも昔っから平気で大ネタを頼んでいたぞ」「こういうところで自分を強く出せないからお前はダメなんだ」とめどなく説教は続き同期は下を向いている。

説教が止み沈黙の時間が流れる。ぼくは白子の軍艦を頼んだ。すると同期がトイレに行くために席を立った。先輩と二人きりになり、ぼくはうにを手巻きで頼んだ。しかしながら同期がなかなか帰ってこない。沈黙する先輩の横でたまに大ネタを注文するという時間が十分ぐらい過ぎた。先輩は「見てこい」とぼくに言った。トイレに様子を見に行ってぼくは予想もしない光景を目にした。

なんと同期が洗面台の前で泣いていたのである！　二十五歳の男である！　なんて

ピュアなんだ！　そこまで先輩の言ってることを真に受けるか⁉

しかしながら、まずい。泣いていたという事実がバレればおそらくこいつはさらに先輩に詰められる。しかし、ごまかしが利かないぐらい目が赤い。ぼくは絶対に先輩の目を見ないことと鼻を鳴らさないことを忠告した。そして、腹の調子が悪かったことにしろと言った。席に戻ろうとトイレを出ると先輩がこっちを向いていた。席に着くと「お前泣いていたのか？」と同期はすぐさま先輩に言われた。覚悟を決めた。そして、「こんなことで泣くような奴は……」とまた始まった。

会計を済ませ先輩がタクシーに乗って帰り、終電が出た後だったのでぼくと同期は歩き始めた。「なんで反論しなかったの？」とぼくが聞くと「そりゃ、先輩だから」と言う。泣くほど感情が抑圧されて爆発したにもかかわらず「先輩だから」という理屈だけで片が付けられるこの男が少し羨ましかったが同時にヤキモキもした。

もっと考えろよ。ぼくは同期がブルース・リーの大ファンだったことをなぜか思い出しながら「考えるな、感じろ」の域まで達していないならば、もっと考えろよ。と心の中で叫んだ。そして、あろうことか同期は「俺のことを想って言ってくれてるんだろうなぁ」と呟いた。「そうかなぁ？」とぼくは答えた。同期に「え？」と聞き返されて「愛がある場合はそうだろうけど」と言った。「なんで愛がないって思うんだよ?」と問いただされて「だって、終始イライラしてたから」と答えた。「お前はすしまで奢ってもらっといて失礼な奴だな」と同期は言った。「それに、先輩の前で高いネタを頼めないっておもしろいじゃん」と言ったけど同期の顔は明るくならなかった。

確かにぼくは失礼だ。序盤から寿司屋のすしが、シャリの上に強迫が乗っかってるように見えていたからだ。

同期の家に着きぼくは一人で歩き始めた。「じゃあ先輩が死ねっていったら死ぬのかよ」と小学校低学年のようなことを考えていた。ぼくはなぜ先輩は人を罰してまで自分を正当化しなければならないかという論理を頭の中で展開していた。しかし、結論までは辿り着かず、代わりに無力感が押し寄せて来た。慣れないトロとウニが胃の中で波打って後味が悪かった。

今はその先輩も同期も芸人をやめてこの世界にはいない。飲み屋からの帰り道でその時と同じ道をタクシーで通っていたのでそんな出来事を思い出した。

あの先輩は今はなんの仕事をしているのかな。そういえば、あの頃いつもイライラしていたな。

工事渋滞で深夜なのに道が混んでいた。タクシーがようやく片側交互通行を抜けた。

そっか。なるほど。愛のない他罰をする人は自分を肯定できていない。

イジられたい？

『笑っていいとも！』が終わった。グランドフィナーレでのレジェンド達の共演を見て、一通り興奮した後にぼくの胸に残ったのは後悔だった。

オードリーは二〇〇九年十月～二〇一一年九月まで『笑っていいとも！』のレギュラーだった。『いいとも』で今日の出来は完璧だったなと思えたことは一度たりとも無かった。『いいとも』の後は名古屋の仕事だったので、タモリさんの反省しない美学に反して凡人のぼくは名古屋に行く新幹線の中でずっと反省していた。スタッフさんはコーナーを作ってくれたりしていたのに、その想いになかなか応えられていないという意識がずっとあった。当時はいろんな番組で相方がイジられることが多かった。しかし『いいとも』では不思議と放送終了後のトークなどでぼくの方がイジられることが多かった。「イジられることが」多かったと書いたが、本来「イジってもらえることが」多かった。と書くべきだろう。しかし、当時はイジる側になってもっとたくさんツッコまなきゃと慌てていた。コーナーの進行を任された時も「お前の声は覇気がないから盛り上がらない」とせっかくイジってもらえているのに、それを本気のダメ出しだと真に受けて（本気のダメ出しだったかもしれないけど）何の返しも出来ずに「マズい！　上手く進行しなきゃ」と焦っていた。

なぜそのような勘違いをしてしまったのかといえば、今まであまりイジられてこなかったからだ。相方が異常にイジられていたこともあってか、事務所に入ってからもあまり先輩にイジられなかった。このあいだ事務所の先輩に「なんであんまりイジられなかったんすかね?」と聞いたら「だってお前すぐムッとするんだもん」と言われた。なぜムッとしていたのかは簡単で、単純にプライドが高かったからだ。イジられ慣れていないことのツケが、『いいとも』という大舞台で発揮されてしまったのだ。

最近では一般の人も「こいつイジられキャラだから」なんてことを言うようになるほど、イジるという言葉は浸透した。そうした状況の中で、みなさんの周りにもイジりにくい人はいるのではないだろうか? イジるし、イジられもする人は健康だ。問題は、人のことはイジるくせにイジられることは極端に嫌がり隙を見せないようにしている人だ。つまりぼくのようなタイプの人だ。

なんでイジりにくいのかといえば、本気で怒ったり嫌そうな顔をしたりするからであろう。では、なぜそういう人がイジらせないかというと根本で自信が無いからだ。だから、他人をイジって自分の優位性を確認する必要もあるのだ。逆にイジられて愛される人が悲壮感の出ない理由は、根底で自分を肯定できているからなのではないだろうか?

そう考えるとイジられたくない自信の無い人が、自分のことがちゃんと好きなほんわかしてる人をイジっているという構図は、どっちが上なのか下なのかわからなくなる。

『オールナイトニッポン』で「若林学部」というコーナーがあって、平たく言うとリスナーがぼくのことをイジるコーナーなのだが、そこに来るメールの量がいつも他のコーナーの十倍ぐらい多い。自信の持ちづらい時代だ。

みんな誰かをいじって自分の優位性を確認したいのかもしれない。ある大企業の入社試験で即採用になった女の子の話を聞いてびっくりしたのだが、その子はツイッターで一般人にも拘わらず四十万人のフォロワーを持っていたらしい。で、面接官に「なぜ四十万ものフォロワーを持つことが出来たのか?」と問われた時「わたしが微妙にブスで微妙にダサいからですよ」と答えたらしい。つまり「今はみんなイジりたい時代ですから」と平然と言って退けたらしいのだ。その子は入社一年目から重要なプロジェクトを任されていると聞いた。

となると、イジられるってことは興味を持たれていると変換できる気もする。そんな風に考えられていたら、ぼくが自意識過剰な生き方によって今まで思い悩んできたほとんどのことは問題になっていなかったのかもしれない。

ちなみに最近ぼくがイジられて返せないのは、喫茶店の店員さんに連絡先を聞いたときのこと。その時、あまりにも緊張して「あの、」と声をかけるところを「あにょ～」と言ってしまったのをみんなにモノマネされることだ。女性との接し方について自信が無いのだろう。

今までの人生でＨＤＤはだいぶ重たくなっている。変換作業はなかなかスムーズにいかない。

ネタ帳

番組の企画で必要なので、デビューしてから今までのネタ帳を全部持ってきて欲しいと言われた。ネタ帳自体、他人に見られるのはかなり恥ずかしい。それも過去のものなら尚更である。が、番組で使うというので渋々実家に帰って取ってきた。ものによっては捨てたりもしているので、大体半分の十五冊ぐらいのノートが残っていた。若ければ若い時のノートほど落書きの絵が多かったり、乱雑で罫線もはみ出して文字が書かれていた。それは血の気が多いというよりも、単純に元気があるという印象だった。

自宅に帰って読み始めると、時間の経過によって当時の自分をだいぶ客観的に見られるのがおもしろいのでついつい読み込んでしまった。書いてあるネタ自体は目も当てられないようなものから、これ今やったら割りかしおもしろいかもというものまで色々あった。それよりも目を引いたのはネタを書く前の心構えや、ライブでネタをやったあとの反省のような文章だ。

例えば、コンビを組んだばかりの二〇〇〇年当時のノートには「ライブのアンケートの一切を気にしない。お客さんに合わせても意味がない」というようなことが書いてあった。自分が書いたことながら「とんがってるな〜」と恥ずかしくなってしまった。

そして五年後の二〇〇五年頃のノートにも当時岡本太郎にめちゃくちゃ影響されていたぼくは「伝わらないと開き直ってやれば、反対に純粋さは伝わる」と顔が赤くなってしまうようなことが書いてあった。こうやって続けて読んでみると、ものすごくお客さんの反応を気にしていることが逆に際立って見えた。

そして、オーディションに落ちたことが余程悔しいのか「俺はテレビに出るためにやってるんじゃない。自分たちがやりたいことをするためにやっている」というようなことが数年に亘ってことあるごとに書いてあるので「いや、テレビめちゃめちゃ出たいんじゃねぇか！」と一人リビングでツッコんでしまった。

そして、七年前ぐらいの辞めようかどうか迷っていた時期のノートには、漫才を褒めてくれた先輩や関係者の名前を書き出したりしていた（恥ずかしい、死にたい）。これにも「いや、ずいぶんな権威主義だな！」と笑ってしまった。何かを必要以上に怖れていることがありありと見えてきて、楽しんでいる雰囲気は全体を通してあまり感じられない。足りない部品をどうしても手に入れなくてはならないような切迫感もあって、読んでて痛々しくもあった。

「テレビに出たい！」「お客さんに笑ってもらいたい！」となぜ素直に書けなかったのだろう。と、他人事のように考えを巡らせた。それを書いたら最後、いよいよ本格的に自分の力不足を直視しなくてはならなくなるからだろうな。それを書く強さなんて勿論持ち合わせていなかった。だからこそ、それを手にする気がないことを殊更に強調することが、当時の精一杯の自己防衛だったのだろう。

ノートを閉じて「そっかー」と何かに降参したい気分になった。ずっとお客さんの反応を気にしない強い心と絶対的な価値観を欲して、そのどちらも手に入れられないままなんだな。それも、十何年も。


リビングに寝転がり本棚を眺めた。

強い精神を持っている作家さんのエッセイが並んでいて、流されない価値観を持っている主人公の小説が並んで、自分を変えようとする自己啓発本がびっしりと収まっていて、核心に触れさせない防御壁のようにそびえ立っていた。

そんな風に自分の部屋の本棚を見るのは初めてだった。いつか自分が強い人間になれるんじゃないかと今の自分から目を背けて、今もまだそんな調子であがいているんだな。

そりゃ、生物学的なものか経験的なものか分からないけど年を食って自意識は多少縮小したし、諦めがついている部分もあるにはある。だけれども、ノートを読み終わった感想として「もったいない」というのが正直なところだった。鼻の先ににんじんのようにぶら下げられた「理想の自分」とやらに、走っても走っても食いつけず、しかも、口だけは動かして食いつけてるフリもして、そして、食べられる足下のにんじんを見逃している。強い哲学を持っていて、しかも肩の力がいい感じに抜けている。なんて自分は一生を通じてどんなに欲しても無理だね。このまま、未完成で不格好なまま、不満だらけで、自分の希望通りではないタイミングで終わるんだ。

急に停止させられて、にんじんだけがぶらぶらと目の前で揺れている。でも、不思議なのはこの気分だ。絶望的な気持ちになるかと思いきや、妙に清々しいことだ。ボヤけていたピントがバシバシ合ってくるじゃない。これはもうあれだ、みっともないまま、あがいていくんでいいんだ多分。

ちゃんと降参して、理想を追う道から降りよう。おそらくそれが正しい。

だって、ちょっと降りてみたら今日がくっきり見えてしょうがない。

涙腺

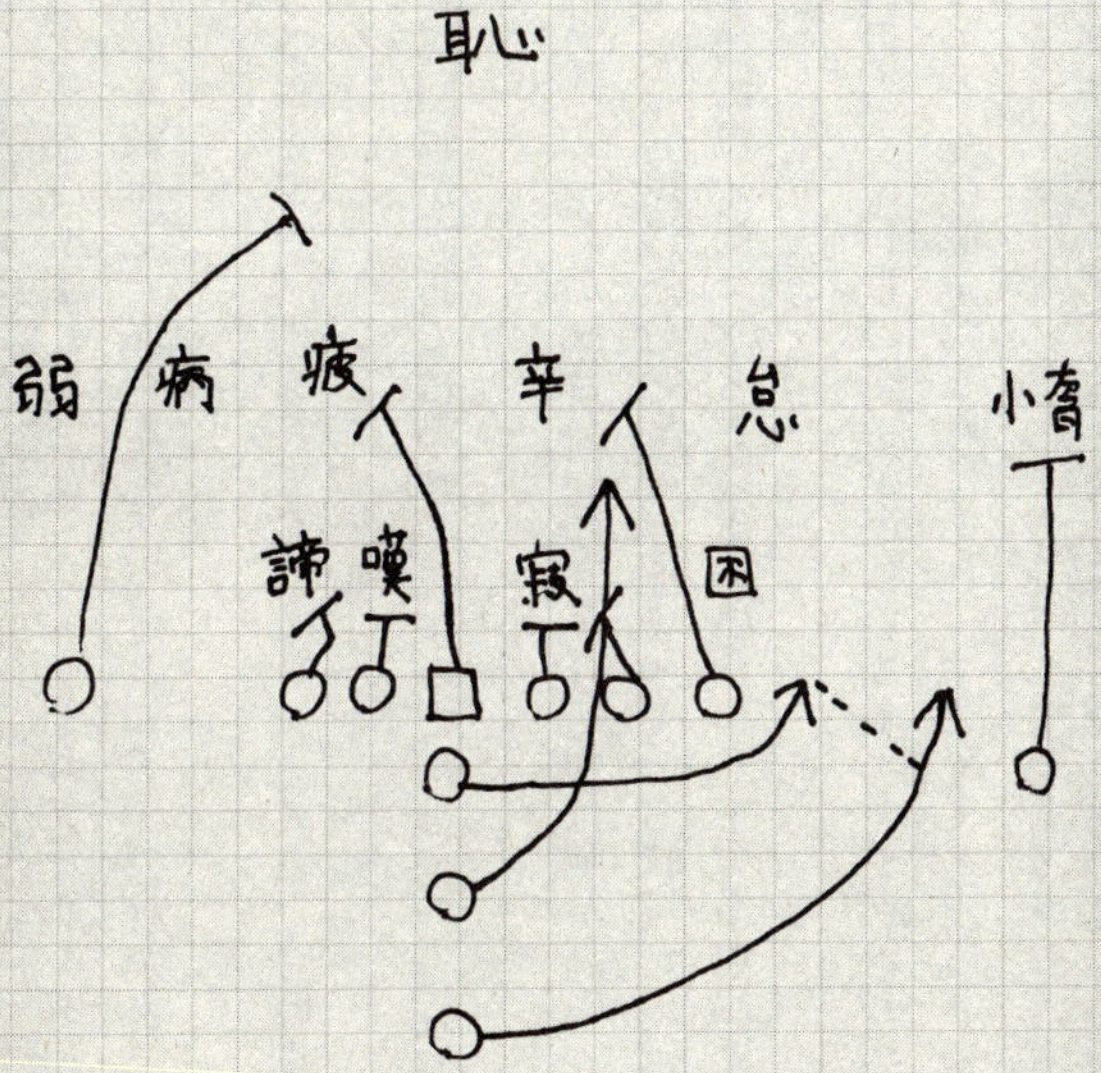

人に語れるほどの自信がある唯一の趣味がアメフトだ。

高校時代にアメリカンフットボール部に所属していた。アメリカのプロリーグ・NFLのシーズン中は、家に帰ってから録画した試合を見る。それが、不感症である自分が驚くほど楽しい。

このあいだ、休みの日に何もすることがなく暇を持て余していたところ、今時期高校アメフトの春季大会がやっている頃だということにふと気付いた。早速ネットで調べると、丁度高校生の関東大会の二回戦が調布《ちょうふ》で行われていたので、行ってみることにした。

母校でも何でもない高校の試合ではあったが試合会場に向かう道中は胸が高鳴った。会場に着くと既に試合が行われていて客席は三分の一ほど埋まっている状況だった。端の方の席にポツンと陣取り、事前に買ったファストフードのハンバーガーをパクつきながらのんびりと観戦することにした。

毎年正月に日テレのアメフトの番組でNFLの優勝決定戦のスーパーボウルのロケに行かせてもらっている。向こうのプロの選手はそれはそれはすごくて、走るスピードから、投げるパスの距離、ぶつかる音まで常人離れしすぎていて客席からでも唖然とするほどである。それ以来の試合観戦なので、どうしてもNFLの選手達と高校生フットボーラー達を比較してしまった。あれ？　自分が高校の時もこのぐらいのスピードだったっけな？　と記憶を辿ってみたが、このぐらいも何も関東大会にすら出られていないのだから今見ている高校生達よりも大分運動能力は下回っていたのである。見始めた時は楽しめるかなと不安だったのだが、見始めて間もなくインターセプトを決めた選手が仲間の選手と抱き合って喜んでる姿を見て途端に涙腺が緩んでしまった。予想外だった。

プロ野球を観るより高校野球を観る方が好きという人がたまにいるがこの時初めて理解できた。金勘定抜きの刹那的な純粋がそこにはあった。それからというもの、点数を決めては泣き、怪我をした選手が立ち上がっては泣き、おそらく彼氏が試合に出ているであろう彼女が客席でハンドタオルを胸の前で握りしめているのを見ては泣いていた。挙げ句の果てには、新入生のまだ防具もつけていない高校一年生が先輩に水を渡しに行くのを見て泣いていた。

高校生の頃、母親がテレビドラマの感動的なシーンを観る度に泣いていた。こんなにすぐ泣くなんて情緒不安定か、と呆れていたが、まさか自分がこんなに涙もろいおじさんになるとは！　涙腺崩壊頻度『北の国から』以上のペースを保ったまま試合は進み、試合は残り時間二分で点差は三タッチダウン差であった。サッカーで言うとロスタイムで三点差といったところであろうか。

負けている方のチームの選手は意気消沈していて、プレーに生気が無くなっているように見えた。しかし、ただ一人何度も何度もボールを抱えて敵に突っ込んで行く一人の選手が目に飛び込んできた。そのチームのキャプテンの選手だった。

ただでさえボールの行方を追うのが難しいスポーツなのに、涙でピントがずれてボールを見失ってしまうぐらいであった。勝ち目はない。いくら「諦めたらそこで試合終了ですよ」という言葉があっても最早、百パーセント逆転する時間がない。それでも突っ込んで行く選手。ぼくは気付いたら「そうだな、こうなったらもう生き様だよな」と呟いていた。完全に危ないおじさんである。

試合に負けることがわかりきった選手に残されたのは、最後まで足掻《あが》くことだけである。それが笑われることだとしても、足掻いた者にのみ次に繋がる挑戦が約束されている筈だ。この選手はきっと次のアメフトの試合も、大人になってからの仕事も、恋愛もちゃんと足掻く子なんじゃないかな。もしかしたら、ネットでエロ画像を拾いまくってチームメイトに「変態」と呼ばれているかもしれないけど、もしかしたら、万引きしたことがある子かもしれないけど、おじさんにはそう信じさせてくれ。

試合はそのままの点差で終わった。でも、プロの試合とはまた違った後味の良さがあった。やっぱり日常のルーティンに変調を起こしてくれるのは感動だな。
それにしてもぼくはスポーツ観戦は負けている方のチームに感情移入しがちだ。
それだけの敗戦歴がぼくの人生にはある。ただの凡人だと思い知らされてばっかり
だけど、もうちょっと足掻いてみてもいいかも。
まだ足掻くことが残っていたことを高校生に教えてもらった次第。

プロレスする？

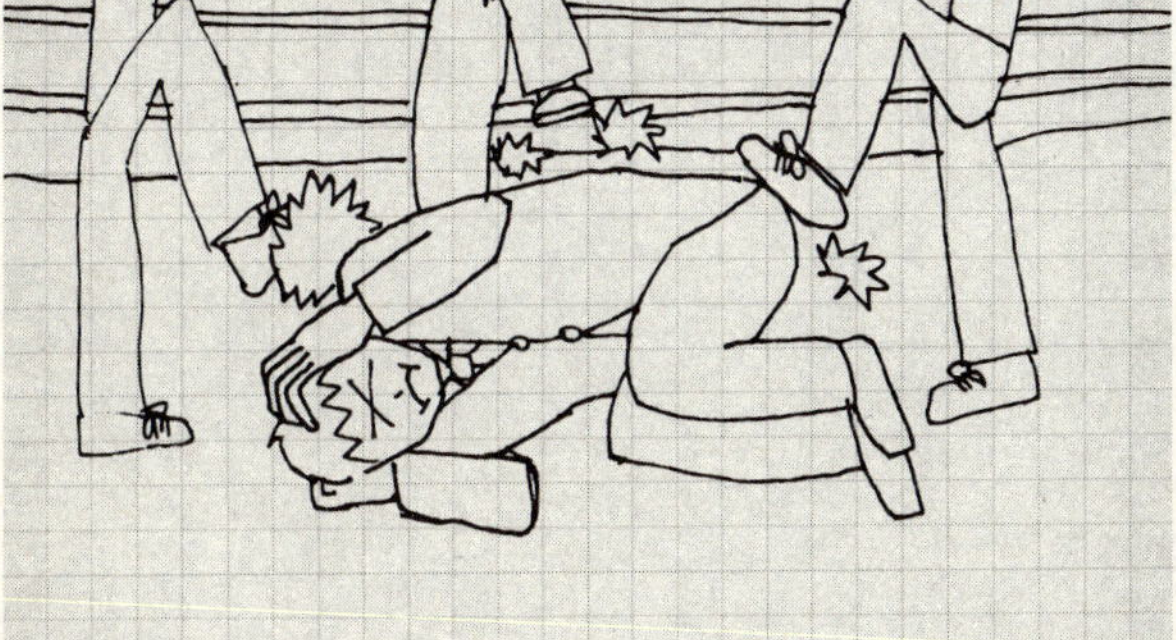

仲のいい芸人に「プロレスしてくれよぉ」とよく言われる。どういう時に言われるかというと、その芸人にいじられた時にぼくがすぐに「偉そうに言ってるけど、お前もさ……」と本気で言い返してしまう時だ。すると、相手はほんのじゃれ合いで言っているにも拘わらず、急にマジの反論をされて「プロレスしてくれよぉ」と嘆くのである。つまり、ショーとして盛り上がらないじゃないか、という意味らしい（熱狂的なプロレスファンの人の中には、プロレスが短絡的にショー扱いされることに納得がいかない人もいるらしい）。

その芸人に「若林が総合格闘技しか観ないのわかるわ」と言われた。どういうことかというと、プロレスで言うところの「受けの美学」。お笑いのやり取りで言うと、いじられた時にそれを受けきるということをしないかららしい（つまり、すぐ言い返す。もしくは、ふてくされる）。

この話を、相方にしたところ「若林さんは、スカシの人だからねぇ」と言っていた。つまり、「いじられてもそれをまともに食らって盛り上げるということをしない」ということらしい。

ぼくは小学生の時にマイク・タイソンブームの洗礼を受けてボクシングにハマって、中学生になってK－1、十代後半から総合格闘技のファンになった。プロレスはほとんど観たことがなかった。今の今までプロレスを丸々一試合観たことはあったかな？　というレベルだ。中学生の時に「若林はなんでプロレス観ないの？」と聞かれて「えー、だってロープに振られたら戻ってくるのおかしいじゃん。ロープ摑んで耐えられるじゃん」と言うと、突然プロレスファンの同級生は「そういうことじゃねぇんだよ！　わからない奴は放っといて行こうぜ！」と激怒していた。

確かに今はそういうことじゃないのはわかるんだけど、そのものいいに何となく排他的な雰囲気を感じて「ふーん、プロレスというのはどうにも想像力がなきゃ観られない高尚なものなんだねぇ」と天の邪鬼を発動させてますますプロレスから遠ざかっていった。

なんとなく最近「プロレスしないと言われるなぁ」と気にかけていた折、作家さんとの飲み会で偶然、西加奈子《にしかなこ》さんにプロレスの魅力を聞くこととなった。アントニオ猪木《いのき》から始まるストロングスタイルという新日本プロレスの歴史に、あえて立ち向かってブーイングを浴び続けた日々を乗り越えて客席を沸かせている棚橋《たなはし》選手の話になった。

アントニオ猪木はもちろんぼくもよく知っている。あの、超カリスマに挑戦している人がいるというのか。すごい。

ぼくは棚橋選手のエッセイを読んだ。今までの歴史を越えるためにあえて「百年に一人の逸材」と自ら宣言する勇気に感動した。

ユーチューブでプロレスを観まくりその迫力にすぐさま魅了された。いてもたってもいられず、ついには後楽園《こうらくえん》ホールで人生初めてのプロレス観戦をした。

チケット売り場に並んで当日券を購入した。買う時に初めてなので「場外乱闘は前から何列目ぐらいまで来ますか？」と受付の人に質問した。巻き込まれたら怖いからだ。「大体、五列目ぐらいですかね」と言われたので、念には念ということで八列目の席を確保した。

初めてリングのある後楽園ホールに入った。会場に入ってまずはコーナーポストの高さにびっくりした。試合が始まってからは、生ならではの選手達がぶつかり合う音、鉄柵にぶつかる時の迫力に開いた口が塞がらなかった。場外乱闘が始まり客席にレスラーがなだれ込んできた。レスラーは相手選手の髪を掴んだまま客席を駆け上がってきてあっという間に九列目のぼくの席の真後ろまで駆け上がってきた。「話が違うじゃないか売り子さん！」と胸中で届かぬ抗議をしている間に真後ろの柱に選手は叩き付けられた。

黒タイツの正統派のレスラー、ナルシストなレスラー、傍若無人なヒールレスラー、いろんなタイプの選手がいてそれぞれに個性があるから観ていて飽きなかった。声援や野次を飛ばすお客さん、興奮すると立ち上がったりブーイングがあったりと、今まで観戦したスポーツでは経験したことのないことばかりでとにかく楽しかった。

体格の大きい先輩レスラーに向かって行く小柄な選手。何度も何度も向かって行くのに相手選手はビクともしなかった。持ち上げようとしたけどなかなか持ち上がらなくて「あげてみろー！」と客席から野次られても全然持ち上がらなかった。それでそのまま負けていた。隣の長年のファンらしき人に「まだまだだなぁ」と言われていた。無様で、みっともなくて、情けなくて、とってもカッコよかった。これが、負けて勝つ！　というやつなのかな。

真壁《まかべ》選手が対戦相手に「勝った？　負けた？　そんなことはどうでもいいんだよ。生き様刻んでこい！」と言っていて、ここまで正面切って勝ち負けはどうでもいいって言えるものがこの世の中に存在することに興奮して、そして安心した。

ぼくの人生がおおかた敗者であったからであり、人の一生がそうであるからかもしれない。

いじられるのがずっと怖かった。

技を受けきれるようになってみたい。打たれても打たれても苦悶の表情で耐えきるように、ニヤリとして手招きするように、素知らぬ顔で客席を振り向いて両手の平を天に向けて肩をすくめるように。

あの小柄な選手の次の試合はいつだろうか？　次は絶対勝って欲しい。じゃないや、次も絶対生き様を見せて欲しい。

二律背反

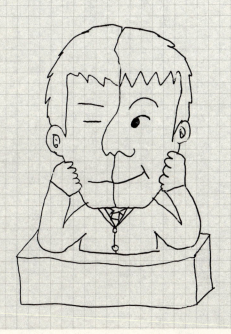

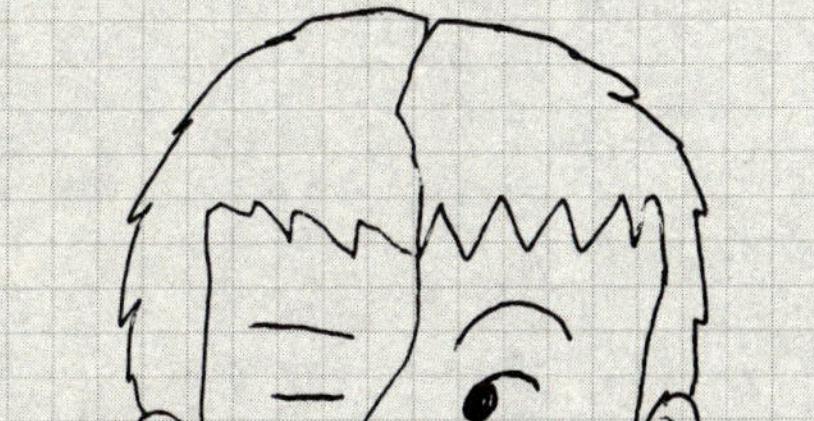

岡本太郎をテーマにした番組の収録があった。ぼくは岡本太郎好き芸人として番組に呼んでいただいた。

このエッセイの連載二回目に岡本太郎の太陽の塔を見に行ったことを書いた。もう四年前の話だ。二十代の後半の頃、特に仕事がない頃は岡本太郎の影響を受けまくっていた。ほとんど信仰に近かった。

「挑戦した不成功者には、再挑戦者としての新しい輝きが約束される」という岡本太郎の言葉に出会って、「挑戦した成功者にはなれないかもしれないけど、不成功者になら俺もすぐなれるぞ」と勇気が湧いた。

もうほとんど売れることを諦めていたので、お笑いをやっていることは惰性であり明確な目標や目的は見失っていた。だが、「挑戦した上で不成功者になればいい」という乱暴でユニークな目的論は、ぼくに新たな理由と目的を与えてくれ、その先で手段まで提示してくれることになる。

今になって思えば、それは挑戦して失敗することが怖い自分にとって都合のいい言い訳だったのであろう。ぼくはその言葉を胸の中心に据え置いてからは、「早く不成功者になりたい」即ち「早く事務所をクビになりたい」と願ってネタ見せでは作家さんのアドバイスに絶対に頷こうとしなかったり、ウケることを欲さなかったり、舞台上で追っかけっこをしてそのままロビーから恵比寿《えびす》の路上に出て相方にタックルしたりした。

簡単に中二病と片付けられる行動だった。自分が特別な人間であるという幻想を、安全で安易な手段で守ろうとしていたにすぎない。

岡本太郎への歪な想いは、テレビの仕事をもらうようになってお金をたくさんもらって、いろんな価値観の人と会って話すようになって、年々角が取れていった。そして、いつのまにかぼくの中で「知っている価値観の一つ」になっていた。

「伝わらなくても怖れるな」「成功は失敗のもと」

歳をとって年月が経つと、タフで剛胆で孤立を怖れないヒーローであったぼくの中の岡本太郎像が、強い人であるという反面それを口に出さなくてはいられない臆病で繊細な人となっていった。そして、ぼく自身が執拗に強さと孤立を怖れない魂を欲していたのだろう。元々強くて周りを気にしなくて自分に満足している人は、病的に他人に憧れるようなことはない。

ロケで表参道《おもてさんどう》の岡本太郎記念館に行った。

ああ、この「坐ることを拒否する椅子」に座って閃いたんだよな。とか、この世の中で唯一自分を肯定してくれる象徴のような位置に〝勝手に〟岡本太郎を置いていたんだなとか、時空を行ったり来たりしながら答え合わせのようなことをしていた。

五年前、初めて自腹で新幹線に乗って新大阪まで行って太陽の塔を昼間に見た時、ぼくは悩んでいた。テレビに出たてで、こんなにも権威の言いなりのコメントをいっていいのか、ある価値観の宣伝カーのような役割をこの口がしてもいいのか。そんな悩みを持つこと自体を自意識過剰であると揶揄されるこの国とこの国のそういう人間に関係していくことが億劫でしょうがなかった。

でも、太陽の塔の前面と後面の顔を見た時に、自分の中に違う顔があっていいのだと、陰鬱で暗澹たる想いがあっていいのだと、初めて肯定されたような気持ちになった。オブジェに自分のことを肯定してもらったような感覚を抱いたのは初めてのことだった。

久しぶりに見る、記念館の作品には、二律背反する感情や主義が一つの作品に同時に収まっていて、対決していたし、無理矢理に調和しているようにも見えた。

高級料理がとても美味しくて、こんなもの食えなくたってどうってことなくて。仕事が楽しくて、めんどくさくて。高い車の乗り心地がよくて、ただの鉄の塊で。とても幸せで、こんな筈じゃなくて。

想いはひとつじゃなくていいんだ。

〇〇さんが
退会しました

「たりないふたり」という南海キャンディーズの山里さんと二人でやっているイベントがある。テレビでもワンクールを二度ほどやらせていただいた。そのライブがこのあいだ、渋谷公会堂で行われた。

「たりないふたり」というユニットは元々ぼくと山里さんが社交的ではないことから話が合い、それじゃあライブでやってみようということで始まった。今からもう五年前の話だ。ライブの内容は飲み会に誘われた時の断り方。説教からの逃げ方。およそ三十過ぎの大人とは思えない感覚と発想をお互い披露し合った。

今年の四月に「たりないふたり」がまたテレビでやるという話になった時、ぼくは生意気にも二の足を踏んだ。人見知りや社交性のなさが以前に比べると改善されてきているという自覚があったからだ。今の自分で思いっきり「たりないふたり」がやれる自信が無かった。周りのスタッフさんや山ちゃんは「若林くん大丈夫だよ。全然、成長してないから」と言っていた。

企画では飲み会や恋愛などのコミュニケーションでの苦しみが主題になる筈だった。ぼくは、飲み会があまり苦手じゃなくなった。飲み会で隣の人との話題に困っても「明日の仕事は何ですか?」という質問から十五分は広げる自信が今はある。お気に入りのカフェの女の子にも氷結を二本飲んで少し酔ってから行けば連絡先を聞けるようになった。

五年前のライブでは企画会議で次から次へと実生活での不満、疑問、怒りが湧いてきて企画が次々に生まれた。しかし、歳を取ったからかそういった感情は以前より控えめになっていた。だから、今回のクールの企画はそういった感情をベースにしないものも多くあった。

しかし、これが「たりないふたりスピリットだったか！」と再確認するような瞬間があった。

何かというとＬＩＮＥのグループの話だ。ぼくは最近ＬＩＮＥを始めたのだがＬＩＮＥのグループというものがどういうものかよく知らなかった。なんとなく誘われて、その時は何も考えず総勢二十人ぐらいのグループに入った。すると、ある日ＬＩＮＥの着信を表す数字が二十七になっていた。

「二十七！！！！」

ぼくは驚いた。マジで親父が死んで母親か姉から怒濤のごとくＬＩＮＥが来たのかと慌てた。ＬＩＮＥを開くと誘われたグループに、それぞれのみんなの近況の文章や写真などが載せられていた。飲んで酔っぱらっている写真や、カフェのラテ・アートの写真。それに突っ込んだり突っ込み返したりしている文章。一人一人にはなんの恨

み も無い。その二十七という数字が、一旦目を通さないと消えないという事実が嫌だった。そして、既読したが何も発信しないと自然に興味の無さが伝わってしまうという、その螺旋に巻き込まれるのも嫌だった。

いや、正直に言おう。心の底から「知らねーし！」と思った。それだけだった。後日若い子から聞いたのだが、二十七件という着信の数はそう多くないらしく百件なんてこともあるそうだ。

ぼくはこの通知を受けないようにできるか色々調べた。通知オフというのがあった。しかし、それは着信の際に音やバイブで知らせないだけで数字は出るということだった。アイコンの数字自体は表示しないようにできるらしい。しかし、仕事の内容もLINEで受け取るのでパッと見で未読の件数は知りたい。ぼくはそのグループを退会しようとした。退会方法を調べるとなんと「〇〇さんが退会しました」とご丁寧に通知されるというではないか。

嘘だろ。めちゃくちゃ反旗を翻している感じ出るじゃん。なぜ、そっと去る方法がない！ 色々方法を考えた。今流行のLINEのIDを乗っ取られたフリをする。自作自演で「今お時間ありますか？」「コンビニでプリペイドカードを買ってくれませんか？」と送るのである。そして、その先で退会する。しかし、これは余計な心配をかけるのはさすがに申し訳ないのでやめた。もう一つの方法が、グループの中の人に協力してもらってケンカをするフリをして向こうに強制的に退会させられる。というものだ。でも、これは協力者がいずれ誰かに口を割るだろうからやめた。

結果的にぼくは普通に退会することにした。グループのメンバーにどこかで会ったら、なんで退会したんだと問われるかもしれない。その時は「すいません、めんどくさかったので」と正直に言うしかない。ぼくは勇気を出して退会ボタンを押した。スッキリした。これでいいのだと満足した。これで切れるような関係なら最初からその程度の仲なのだ。五分後。誤操作によって退会したと思ったグループの中の人から再びグループに招待される通知がきた。今度はその通知を無視していいかどうかの選択をしなければいけなくなった。もういいわ！　と携帯を放り投げてそのままにした。

ぼくはこの話をライブでしている時に、本気だった。技術では越えられないゾーンに熱でもって到達している感覚があった。

スタッフや山ちゃんの言うように、全然成長していなかった。相変わらず、不精で人に興味が無く、サービス精神もない人間のままだった。自分が成長していたと言うのはただ単にキャラが浸透していたり、歳を取って大目に見られているだけだったのかもしれない。

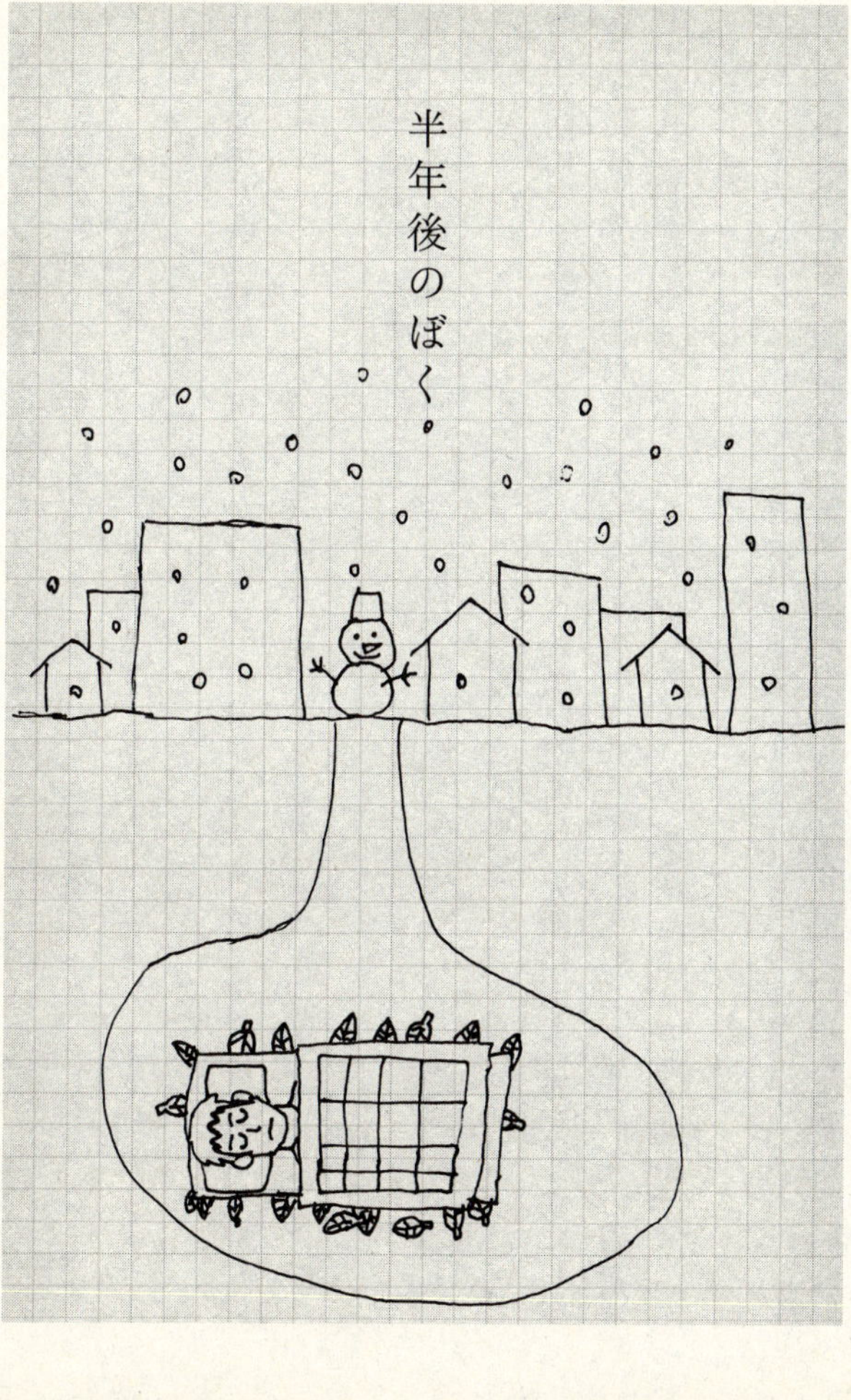
半年後のぼく

突然だがこの連載を半年休載することになった。

この連載が始まって数年は書くことに困ったことなど無かった。しかし、ここ半年ぐらいこの連載を書くのに非常に苦戦するようになってしまい、締め切りギリギリ(時にはちょっと過ぎる)になってしまうこともあって休載することにした。

書き始めた頃は誤解を解きたかったり、自分が考えていることを知ってもらいたいというモチベーションが多分にあった。おそらく誤解されているように感じていたのだろう。

それだけにペンも進んだ。

今も誤解されているだろうが、それはもうあまり気にならなくなった。誰かに自分のことをいわれているようで、誰かは僕を通して自分のことを言っているからだ。誤解は人前に出て飯を食う者が負う逃れられない宿命だ。人前に出て自己愛を満たしお金ももらいながら、誤解もされたくないなんて虫がいいにもほどがある。そう肝に銘じてから、自分のことを書くのが急に恥ずかしくなったというのが理由の一つだ。

理由はもう一つある。

昔、作家さんとの飲み会でとある作家さんに「エッセイ読ませてもらったけど若林さん童貞だよね?」と言われ一席は爆笑に包まれた。そして、何やら本質を突いていている気配もするその評に思わずぼくも笑ってしまった。当人はその発言を酔っぱらって全く覚えていなかったらしいのだが、後日発言の真意を聞くと世界を初めての目で見ているからそれを童貞と表現したとのことだった。

要約のパワープレイっぷりに少し驚いたが、そう言われると社会童貞である心当たりは確かにあった。連載当初は、社会童貞であるぼくがスターバックスのグランデというサイズ表記に驚き、手酌をさせてしまうと怒鳴られる文化に驚き、会議の常識に驚いていたのである。

初めて目の当たりにする社会の局部の見た目、感触、グロさ、そして気持ちよさを想いのままに書き綴ってきたつもりだ。

しかし、最近は「よしあれを書こう！」と書き始めると「ん？　こんなようなこと前にも書いたな」と途中でやめることが多くなった。社会童貞の卒業、つまり単純なネタ切れだ。それはぼくにとって悲しいことではなかった。社会に対する慣れを成長と捉えることもできたからだ。

だけど、この流れを「大人になった」と言えるかというとその自信は無い。「大人になった」と言うと、内面が成長し精神が強化されたかのような響きがあるが、それはない。何かをくだらないと感じなくなったり、何かに感謝できるようになったかというと、それは若い時から全然変わらないからだ。若い時というか、それこそ中二から変わらない。そういった感情を隠蔽する手法を最近になってようやく多少覚えることができただけだ。ぼくは、この隠蔽が礼儀ということでいいんじゃないかと思っている。「隠蔽じゃ意味がない、それは本当の礼儀ではない」と言う人がいたら問いたい。人は一枚の絵を見て感動しなかった時に、瞬時に感動するように自分を操作できるだろうか？ 気に入らない人を、瞬時に大好きになることができるだろうか？

六年前の社会に戸惑っている自分に「感じ方を変えなくてもいいんだよ。隠蔽でいいんだよ」と言いたい。その隠蔽や捏造の精度の高さを「大人」というのではないだろうか。これからずっと社会の人たちに敬意をもって隠蔽し続けていくことが礼節だと思っていた。それに対して後ろめたい気持ちは無かった。

しかしそんな心の扉をこじ開けようとしてくれる風変わりな人にもこの数年で出会った。テレビ局の会議室で愚痴や相談に付き合ってくれた人、自分の番組以外の他局の番組をいつも見てくれてアドバイスをしてくれる人、毎日深夜まで続く稽古を一緒に乗り越えて心が震えるような本番を経験させてくれた人、忙しい中何日も泊まり込みで打ち合わせして、たくさん人が入るホールでライブをしてくれた同期の芸人、勝てそうもない相手と一緒にケンカしてくれた人、そういう人たちの熱とか愛とかっていうものは、隠蔽や捏造が届かない場所にあって、それだけはまやかしが通用しない。そういう人のいうことにはできる限りの力で応えたいって自然に思う。それが信頼というやつだと知ることができた。それだけはどうやら本物だった。

それが本物だったから全然捨てたもんじゃなかった。

ぼくは最近車のカスタムと海外旅行に興味がある。ノーマルな社会との交わりにマンネリを感じた人が、ハロウィンの仮装パーティーやテラスを貸し切ってバーベキューパーティーをするのだろうか?

さて、嘗て社会童貞であったぼくが半年後、文字通りコスプレや変わったプレイ(もちろん比喩)の感想をこのエッセイに書けるようになっているだろうか。それでは、また会う日まで。

社会人大学卒業論文

十代の頃から好きな作家さんがいて、テレビでファンだと言ったら手紙をくれた。それから何度か手紙のやり取りをしているのだけど、ぼくは以前その手紙に「社会にはどうしても納得がいかない通念がたくさんある」と書いたことがある。

その手紙の返事に「社会がぼくらの邪魔をしているんじゃないんだよね。ぼくらが社会の邪魔をしているんだよね。社会はそこにあるだけだから」と書いてあった。

その手紙をもらってから、そういえば自分が「社会」と言っているものは一体どんな場所を指しているんだろうと考えるようになった。


小学生の時に、中学受験をすることになって塾に通っていた。

当時は、中学受験ブームで小学生でも夜中の十二時ぐらいに塾から帰宅していたりした。その頃、バブル真っ盛りの地上げブームに飲み込まれて、ぼくの家族は築地という街から杉並区に引っ越しをした。小学六年生の一年間だけならと、転校せずに杉並区から築地まで電車通学をすることにした。

塾で一体なぜ自分が中学受験をするのか？　を問うと、先生は、人生を有利に過ごせるからという。いい中学に入ることが、いい高校、いい大学に入ることにつながり、そして、いい会社に入ることで幸福な人生が送れるというのだ。

その話は本当なのか？　いささか疑問に感じた。

そんな気持ちを抱えながら、毎朝満員電車に乗っている大人たちを観察していた。塾の先生や親の言うようにこの道を進めば、いずれはこの電車に自分も乗ることになるんだ。

大人たちは、当時のぼくには楽しそうには見えなかった。それが、ぼくが一番初めに「社会」というものを意識した瞬間かもしれない。

そんな時期、テレビを見ていると、たけしさんやダウンタウンさん、とんねるずさんが暴れまわっていた。今、自分が大人たちから勧められている、受験から一流会社への就職という文脈から全く自由に見えた。「社会」というものに参加しながら、こんなに楽しそうに生きている大人も世の中にはいるんだなと見ていてワクワクした。もっと、秩序や封建的なものを破壊してほしいとワクワクしながらテレビを見ていた。周りの大人がつまらなそうに見えていたぼくには、そういった人たちはとても輝いて見えた。

その憧れは留《とど》まることなく、成長と共にむしろ増幅していった。

そうして、自分の能力を顧みることなくぼくはその道を目指してしまうことになるのだ。

大学四年生の時に、今の所属事務所に入った。

それからは、自分の〝人〟が、かつてぼくが憧れていた人たちよりも、いかに小さいかという現実に晒され続ける毎日だった。逃げても、言い訳しても、〝違い〟にことごとく回り込まれる。

いよいよ、八方塞《ふさ》がりとなった頃、ぼくは歳をとっていて満員電車に乗る資格もなくなっていた。やぶれかぶれになって、最後にやりたいことをという覚悟のふりをした辞める理由のような漫才を作っていった。

そんなやぶれかぶれが、ある日たまたま出合い頭の事故を起こして（「M−1グランプリ2008」の日）時空を歪ませた。

空間に大きな渦ができてその渦に飲み込まれて、気付くと砂浜に打ち上げられていた。そんな、ガリバー旅行記のようなストーリーでぼくは初めて「社会」の波打ち際に打ち上げられた。

すぐに社会という島の風習に従わなければいけないと感じた。従わなければその島の風習を邪魔してしまう。邪魔をする権利と実力と説得力を自分は持ち合わせていないと即座に判断した。

「社会」はある一定の貢献をすると、ある一定の恩恵を与えてくれるような場所だった。それを、市場とか資本主義とか経済とかって呼ぶのかもしれない。

初めて触れる文化もたくさんあった。

美味しいものを食べることがとても感動的なことであったり、十代の女の子のアイドルグループがすごく人気があったり、年齢の割に若く見える女が羨望《せんぼう》の眼差しを浴びていたり、痩せている人が自己管理のできる人だと尊敬されていたり、高い時計をしていることが高いステイタスを表したり。

親身になってくれる人や、一緒に悩んでくれる人、アドバイスをくれる優しい先輩やスタッフさんにもたくさん出会った。

コミュニケーションを円滑に進めるための、

丁度いい挨拶
丁度いい社交
丁度いい謙虚
丁度いい明るさ
丁度いい愛想

のようなものがおぼろげにあって、それは若手芸人やアルバイトの世界にも確かにあったんだけれど、より重要視されているような気がした。強制されはしないけど守らないと逆に面倒だったりすることもあった。

確かに「社会」はただそこにあるだけだった。

それを守ることは特に難しいことでもなかった。

最初は風習とルールに自分も馴染《なじ》まなければと、自分の心を変えようとしたけど、それはしなくてもよかった。ルールと風習に従おうとすることこそが重要で、そうすることが「社会」への参加意志を示すものだから。そういったルールの中で自分の特性や性格にあったやり方で各々が悩みながら活躍したりして幸せを目指して活動している。

そうやって生活していくとして、

すごくがんばれば、すごく楽しい思いができて。

ちょっとがんばれば、ちょっといい思いができて。

あんまりがんばらなければ、あんまりいい思いができない。

社会はそんなシンプルな場所のような印象だった。

小学生の頃、ぼくが見た「社会」は単純に満員電車の車内だけであったのだ。その他の場所では、職場や家族や旅行やレジャーや仲間があってきっとみんな人生を楽しんでいたに違いない。

そう気付いたのは、社会人一年生の時だった。小学六年生の頃、勉強をする理由を、困難やアイデアを出す時に考える力とパターンを養うため、幸せになるために考える力をつけるため、と説明を受けていたら本当にそのまま道を進んだかもしれない。

しかし、それに気づかないバカだから十代の自分は「社会」というものの参加の仕方にとてもこだわっていた。

それほど、テレビの中のお笑い芸人さんの輝きに魅了されていた。安い言い方でいうと、自分のやりたいことを仕事にして社会に参加したかったのである。

俗にいう夢を追う。というやつだ。

夢を追う人間が社会参加の時に必要なものを「結果」だと思い込んでいた。それを求めて、または、翻弄されて八年間を社会参加せずに過ごすこととなった。

「結果」には即効性がある。

社会参加することができたり、エアコンや風呂やルンバをもたらしてくれた。

だけれども、だ。結果は値がすぐに変わる。いや、下がるんだ。毎日のように現場で一緒だった芸人仲間が数ヶ月すると会わなくなる。そんなことを何度も体験した。

ぼくは、そんなことを体験するうちに「結果」というものを唯一の社会への参加資格としていたならば、値の変動に終始一喜一憂したまま人生を送っていかなければならない。と感じた。そして、「結果」というものが楽しく生きることにおいて自分にはあまり有効なものではないように感じ始めた。

使えない。

ぼくは「結果」以外の基準を探そうと思った。

「結果が全てだ」という考え方が世の中には蔓延《まんえん》している。プロなら過程は問題ではない。「結果を出せ」という考え方だ。しかし、ぼくの胸には「結果」自体は強くは残らなかった。それは実感だった。自分の胸を探ると、摑めるのはいつも過程だった。あれをあれだけやって、めんどくさかったし、大変だったけど、楽しかったな。完璧にはできなかったけど、自分なりにやったな。そんな単純な想いだけはいつも値が下がることなく胸に残っているのだ。「結果」はいつもそういうものの後にあとだしのじゃんけんのようにやってきた。

天才は「結果が全てだ」と言えばいい。自分にはそれは関係のないものなのだ。

特にすごい訳じゃなく、特にダメじゃない。そんな自分の自己ベストを更新し続けていれば、「結果」があとからやってこようがこなかろうがいいじゃないか。特別な才能がないから自己ベストを更新し続けるしかないという諦めは、ぼくにとって自信になった。

意外だった。

良い結果の連続が自信を生むと信じ続けてきたから。この自信は「結果」がもたらす自信よりも信用できるものだった。

その自信は不思議なことに、自分と社会というものを隔てていた黒い海の水を引かせて、往来を可能にした。唯一の参加資格と信じていた結果というものを必要とせずに自分と社会を渡り歩くことができる。社会が自分を拒絶していたのではなかった。自分が社会を拒絶していたというオチだった。

これからも、結果は出たり出なかったりするだろう。だけど、自分にできることは常に過程を紡ぐことだけだ。そう。社会なんて自己ベストを更新していくだけでいいという自信さえあれば自由に参加していい場所だったんだ。

そりゃ相方が努力しないわけだ。相方は結果を必要とせずハナから社会に参加できていたのだ。自信を持っていたのだろう。どうりで常に胸を張っているわけだ。

かくして、ぼくは時空の歪みが生む渦（結果）を必要とせずに自分と社会の往来ができるようになった。

まだ、足元は覚束ないけど。

自分も社会もどっちも素晴らしい世界だ。

新橋でのロケの休憩中。駅ビルのトイレに入った。

用を足していると、外で相方を見かけたらしいサラリーマンの二人組がトイレに入ってきてこんな会話をしていた。

「あれ、知ってますかオードリーっていうお笑いの？」

「あー、あの、今勢いのあるコンビだろ」

放尿が止まった。

「いや、もうだいぶ落ちてきましたよ」

「そうなの、最近覚えたと思うとすぐいなくなるからついていけないね」

いなくなるどころか横にいるんだけどねと思いながら、ぼくは下腹部に力を入れて再び放尿を開始した。サラリーマンの顔を見るか、自分の顔を見せようとしたけど、関係ないからやめた。

顔を見ないし、見せようとしない。そんなことよりも、自分がこの放尿を最後の一滴まで続けられるかどうかが重要なんだ。

なぜなら、それを続けることこそがこの社会への唯一の参加資格だからな。

あとがき

不思議なもので慣れていく。
スターバックスでグランデと言うことも、
食レポでさしておいしくもない食べ物に「おいしい」と言うことも、
豪邸訪問ロケで羨ましくもない高級品に「すごいですねー!」と声を上げることにも、
写真撮影の時に笑顔になることも、
その笑顔を笑われることさえも慣れていく。
慣れは強い。
成長や主義よりも全然早くて強い。
とてつもない才能を持っている人に対して抱く敗北感にも、
コンビの関係性に理想を投影されることにも、
自分の主義主張を時には捨てることにも慣れていく。
これがよく聞いていた「大人になる」ということだろうか?

そんなことを考えることに疲れていく。
悩むって体力がいる。
だから若い時にしかできない。
成長したから考えなくなったのではなくて、
疲れるから悩まなくなった。
そして、お酒を飲んで趣味を持つ。
最近ではゴルフなんかをやっている。
ゴルフをやる後ろめたさにも、
当たり前のように車に乗ることにも、
叙々苑で上ロースを焼くことにも慣れていく。

珍しく都下で仕事があった帰りに昔住んでいた家賃三万円のアパートの近くを通りがかった。

まだあるのか見てみようと車を停めて見に行った。

昔と変わらない佇まいでそこに建っていた。

アパートには久しぶりの再会を歓迎されている訳でもなく、責められる訳でもなかった。

でも、ぼくは後ろめたい気持ちになった。

マラソンで「一緒にゴールしようね」と約束した友達を振り切って疾走し、その友達とマラソンが終わった後に再会したかのような居心地の悪さを感じた。

なんとなくスマホでアパートの写真を撮った。

画像を確認すると、スモークでもたいたような白い煙がアパートを包んでいた。

目の前のアパートにもう一度目をやると何の異常もなくそこに建っている。

もう一枚写真を撮った。

やはり、白い煙に包まれるアパートの画像。

怖くなってすぐその場を立ち去った。

画像を番組で一緒になる占い師にでも見てもらおうかと考えたがやめた。

怨念だなんだと言われたら腹が立つ。

これは俺とアパートにしか分からない白い煙なんだ。

こんな感傷的なことを書くことにとても躊躇する。

正直に言うと怖い。

自己プロデュースと言われないだろうか、
番組で「こんなイタいこと言ってました」とネタにされないだろうか？　と。

もしネタにされたなら受け身と笑いを取るべきだろう。

それがテレビという場所だ。

「久しぶりに昔住んでいたアパートを見たりするのもいいですよね」という声ではもちろん済まされない。

感傷に浸ることも、自己愛も、恰好つけることも、笑われる場所。

いや、笑ってもらえる場所。

それがぼくが感じたテレビという場所の印象で、ぼくもその一端を担っている。

それでも、この自分の凡庸な生を物語にしないと生きていけない。

等身大の自分を生きる強さをいつまで経っても身につけられない。

自惚れていないと、
卑下していないと、
生きてられない。

向いてない。なんてことはもう痛みを通り越して麻痺する程知っている。

慣れていくことが増えていく一方、ぼくにはずっと慣れないものがある。

これを書くのもとても恥ずかしいことだがこんな機会だ。

書こう。

慣れないこと、それは感動だ。

本気で言っている。

慣れないどころかむしろ日に日に強くなっている。

おばさんが歳と共に涙もろくなるあれであろうか？

実はぼくは芸人になってからずっとお客さんに感謝できなかった。

お客さんのことを二十代の時にはエセ評論家の他罰的な奴等だと決めつけていた。

それが、未熟で実力不足の自分の自己防衛方法だったのだろう。

テレビに出始めてからも「どうせすぐ飽きるんだろ？」と冷めていた。

しかし、このあいだ九月に一人でライブをやった時にカーテンコールでついに感謝してしまった。

ハッキリと心の中に感謝があった。

はじめてまともに頭を下げてしまった。

お客さんの拍手に感動してしまった。

とても重い荷物を下ろしたような気分だった。

おもしろすぎるコメントを聞いた時、
憧れの先輩と共演できた時、
勝敗の決まる仕事、
テレビでおもしろいコントができた時、
漫才が楽しくできた時、
番組の打ち上げでスタッフさんにかけてもらった言葉、
ライブが終わった後の手伝ってくれた人達の顔、
昔からの友達の言葉、
相方、
それらに感動することがどんどん多くなっていく。
そして激しくなっている。
ガッカリすること、腹の立つことには慣れていくのに感動することには全然慣れない。
感動の初心者だからなのかもしれない。
今年の夏に海に行った時、よく日に焼けた大学生風の男の子に「ラジオ毎週聞いてます。ライブも行きました」と声をかけてもらった。
握手をした時にはっきりと感謝があった。
伏し目がちに「あ、ありがとうございます」と言うのではなくて、
目を見て「また聴いてね。ライブも来てね」と素直に言えた。
こんなことは当たり前のことなのだ。
でも、世間的には当たり前でもぼくにとっては事件なんだ。

ぼくらの世代で芸人を目指した者なら誰もが夢見るフジテレビでのコント番組が今年の九月に僅か一年で終わった。

それからぼくは夢を持つのはもう止めようと思った。

ポジティブな意味でだ。

これからは頂いた仕事一つ一つにベストを尽くすという考え方で行こうと決めた。

先に夢があるからこの仕事をがんばるという考え方を捨てた。

今、目の前にあるこの仕事を紡いで行こうと。

本来そうじゃなきゃいけなかったんだと。

そんな矢先に今年の十月からテレビ東京でコント番組が始まった。

人生とはわからないものである。

毎回毎回、収録が楽しくてこんな歳になっても夢が叶うんだと現場で感動していた。

そのコント番組の収録でぼくはスーツの上から亀甲縛りにされていて、白い煙の中彼女を助けに行くというシーンを撮っていた。

亀甲縛りをされていた時はプロの縄師の方にされるがままに縛られていた。されるがままだった。

たまたま中華料理店でロケをしていて、そこの店主の老夫婦が亀甲縛りをされたぼくをキョトンとした目で見ていた。キョトンとした目。

現場へ移動する間、外を歩いていると亀甲縛りをされているぼくを見て通行人のカップルが失笑しながらスマホを掲げていた。シャッター音が聞こえた。

本番。

ぼくは自分で仕掛けた爆弾を爆発させた後、白い煙の中を亀甲縛りのままゆっくりと歩いて彼女の元へ向かっていた。

この白い煙はどこかで見たことがあるような気がした。

記憶を辿ったがすぐには思い出せなかった。

スタッフさんはモニターを見ながら口を押さえて笑い声が漏れないように堪えている。

そして、彼女役の女優さんの前に辿り着いてぼくは台詞を言った。「大丈夫?」と。

カットがかかり縄をほどいてもらっていた。

縄師の女性に「痛くなかったですか?」と聞かれた。

「全然、大丈夫でした」と答えると「結構慣れてない人だと縛られながら歩くの痛がるんですよ」と縄師の人は言った。

それなら痛くないだろうなと思った。

だって、いつもそうだから。

そして、これからもずっと。

イラスト／若林正恭
章扉デザイン／ chutte

初出
本書は『ダ・ヴィンチ』(メディアファクトリー) 2010年8月号～2013年3月号に掲載された連載を加筆修正し、2013年5月に単行本として刊行したものです(「社会人一年生」は書き下ろし)。
「人間関係不得意」から「半年後のぼく」までは、『ダ・ヴィンチ』(KADOKAWA) 2013年4月号～2014年12月号に掲載された連載を加筆修正し、追加いたしました。「あとがき」は書き下ろしです。

完全版《かんぜんばん》

社《しゃ》会《かい》人《じん》大《だい》学《がく》人《ひと》見《み》知《し》り学《がく》部《ぶ》 卒業《そつぎょう》見《み》込《こみ》

若林《わかばやし》正恭《まさやす》

平成27年 12月25日　初版発行
平成28年 1月20日　再版発行

発行者●郡司 聡

発行●株式会社KADOKAWA
〒102-8177　東京都千代田区富士見2-13-3
電話 03-3238-8521（カスタマーサポート）
http://www.kadokawa.co.jp/

角川文庫 19501

印刷所●株式会社暁印刷　製本所●株式会社ビルディング・ブックセンター

表紙画●和田三造

ISBN978-4-04-102614-4　C0195

角川文庫発刊に際して

角川源義

第二次世界大戦の敗北は、軍事力の敗北であった以上に、私たちの若い文化力の敗退であった。私たちの文化が戦争に対して如何に無力であり、単なるあだ花に過ぎなかったかを、私たちは身を以て体験し痛感した。西洋近代文化の摂取にとって、明治以後八十年の歳月は決して短かすぎたとは言えない。にもかかわらず、近代文化の伝統を確立し、自由な批判と柔軟な良識に富む文化層として自らを形成することに私たちは失敗して来た。そしてこれは、各層への文化の普及滲透を任務とする出版人の責任でもあった。

一九四五年以来、私たちは再び振出しに戻り、第一歩から踏み出すことを余儀なくされた。これは大きな不幸ではあるが、反面、これまでの混沌・未熟・歪曲の中にあった我が国の文化に秩序と確たる基礎を齎らすためには絶好の機会でもある。角川書店は、このような祖国の文化的危機にあたり、微力をも顧みず再建の礎石たるべき抱負と決意とをもって出発したが、ここに創立以来の念願を果すべく角川文庫を発刊する。これまで刊行されたあらゆる全集叢書文庫類の長所と短所とを検討し、古今東西の不朽の典籍を、良心的編集のもとに、廉価に、そして書架にふさわしい美本として、多くのひとびとに提供しようとする。しかし私たちは徒らに百科全書的な知識のジレッタントを作ることを目的とせず、あくまで祖国の文化に秩序と再建への道を示し、この文庫を角川書店の栄ある事業として、今後永久に継続発展せしめ、学芸と教養との殿堂として大成せんことを期したい。多くの読書子の愛情ある忠言と支持とによって、この希望と抱負とを完遂せしめられんことを願う。

一九四九年五月三日

角川文庫ベストセラー

白の鳥と黒の鳥　いしいしんじ

はつかねずみとやくざ者の淫靡な恋。山奥の村で繰り広げられる天国に似た数日間のできごと——など、奇妙なひとたちがうたいあげる、ファニーで切実な愛の賛歌！

チョコレートコスモス　恩田　陸

無名劇団に現れた一人の少女。天性の勘で役を演じる飛鳥の才能は周囲を圧倒する。いっぽう若き女優響子は、とある舞台への出演を切望していた。開催された奇妙なオーディション、二つの才能がぶつかりあう！

メガロマニア　恩田　陸

いない。誰もいない。ここにはもう誰もいない。みんなどこかへ行ってしまった——。眼前の古代遺跡に失われた物語を見る作家。メキシコ、ペルー、遺跡を辿りながら、物語を夢想する、小説家の遺跡紀行。

夢違　恩田　陸

「何かが教室に侵入してきた」。小学校で頻発する、集団白昼夢。夢が記録されデータ化される時代、「夢判断」を手がける浩章のもとに、夢の解析依頼が入る。子供たちの悪夢は現実化するのか？

ＧＯＴＨ　夜の章・僕の章　乙　一

連続殺人犯の日記帳を拾った森野夜は、未発見の死体を見物に行こうと「僕」を誘う……人間の残酷な面を覗きたがる者〈ＧＯＴＨ〉を描き本格ミステリ大賞に輝いた乙一の出世作。「夜」を巡る短篇3作を収録。

角川文庫ベストセラー

失はれる物語
乙一

事故で全身不随となり、触覚以外の感覚を失った私。ピアニストである妻は私の腕を鍵盤代わりに「演奏」を続ける。絶望の果てに私が下した選択とは？　珠玉6作品に加え「ボクの賢いパンツくん」を初収録。

GOTH《ゴス》番外篇
森野は記念写真を撮りに行くの巻

乙一

山奥の連続殺人事件の死体遺棄現場に佇む男。内なる衝動を抑えられず懊悩する彼は、自分を死体に見たてて写真を撮ってくれと頼む不思議な少女に出会う。GOTH少女・森野夜の知られざるもう一つの事件。

大泉エッセイ
僕が綴った16年

大泉洋

大泉洋が1997年から綴った18年分の大人気エッセイ集（本書で2年分を追記）。文庫版では大量書き下ろし（結婚&家族について語る！）。あだち充との対談も収録。大泉節全開、笑って泣ける1冊。

蜜の残り
加藤千恵

様々な葛藤と不安の中、様々な恋に身を委ねる女の子たちの、様々な恋愛の景色。短歌と、何かを言いたげな食べ物たちに彩られた恋愛短編集にして、普通ではない恋愛に向き合う女性たちのための免罪符。

9の扉
北村薫、法月綸太郎、殊能将之、鳥飼否宇、麻耶雄嵩、竹本健治、貫井徳郎、歌野晶午、辻村深月

執筆者が次のお題とともに、バトンを渡す相手をリクエスト。9人の個性と想像力から生まれた、驚きの化学反応の結果とは⁉　凄腕ミステリ作家たちがつなぐ心躍るリレー小説をご堪能あれ！

角川文庫ベストセラー

鍵のかかった部屋　貴志祐介

防犯コンサルタント（本職は泥棒？）・榎本と弁護士・純子のコンビが、4つの超絶密室トリックに挑む。表題作ほか「佇む男」「歪んだ箱」「密室劇場」を収録。防犯探偵・榎本シリーズ、第3弾。

ソウルズ　田口ランディ

フォルクローレ・デュオを組む、とてつもなく食えない僕ら。ある冬の日、病院での仕事の依頼が入る。そこには特別な観客が待っていた。ふと訪れる日常の一瞬の奇跡が、世界をやさしく包みこむ、十の物語。

パピヨン
死と看取りへの旅　田口ランディ

生涯を「死と死に逝くこと」の研究に捧げたエリザベス・キューブラー・ロス。ロスが残した「蝶」の謎を追う作家に訪れた、父親のがん発覚という現実。生と死、看取りに向きあう、衝撃のノンフィクション。

マアジナル　田口ランディ

あの日、少女はなにを見たのだろう——。ともにUFOを呼んだ6人の運命は、1人の少女の失踪で狂い始める。残された5人の数奇な人生が再び交錯したとき、目の前の現実が崩れていき——!?

本をめぐる物語
一冊の扉　中田永一、宮下奈都、原田マハ、小手鞠るい、朱野帰子、沢木まひろ、小路幸也、宮木あや子
編／ダ・ヴィンチ編集部

新しい扉を開くとき、そばにはきっと本がある。遺作の装幀を託された〝あなた〟、出版社の校閲部で働く女性などを描く、人気作家たちが紡ぐ「本の物語」。本の情報誌『ダ・ヴィンチ』が贈る新作小説全8編。

角川文庫ベストセラー

本をめぐる物語　栞は夢をみる
大島真寿美、柴崎友香、福田和代、中山七里、雀野日名子、雪舟えま、田口ランディ、北村 薫
編／ダ・ヴィンチ編集部

本がつれてくる、すこし不思議な世界全8編。水曜日にしかたどり着けない本屋、沖縄の古書店で見つけた自分と同姓同名の記述……。本の情報誌『ダ・ヴィンチ』が贈る「本の物語」。新作小説アンソロジー。

ミュージック・ブレス・ユー!!
津村記久子

「音楽について考えることは将来について考えることよりずっと大事」な高校3年生のアザミ。進路は何一つ決まらない「ぐだぐだ」の日常を支えるのはパンクロックだった！　野間文芸新人賞受賞の話題作！

ふちなしのかがみ
辻村深月

冬也に一目惚れした加奈子は、恋の行方を知りたくて禁断の占いに手を出してしまう。鏡の前に蠟燭を並べ、向こうを見ると——子どもの頃、誰もが覗き込んだ異界への扉を、青春ミステリの旗手が鮮やかに描く。

本日は大安なり
辻村深月

企みを胸に秘めた美人双子姉妹、プランナーを困らせるクレーマー新婦、新婦に重大な事実を告げられないまま、結婚式当日を迎えた新郎……。人気結婚式場の一日を舞台に人生の悲喜こもごもをすくい取る。

僕の好きな人が、よく眠れますように
中村 航

僕が通う理科系大学のゼミに、北海道から院生の女の子が入ってきた。徐々に距離の近づく僕らには、しかし決して恋が許されない理由があった……『100回泣くこと』を超えた、あまりにせつない恋の物語。

角川文庫ベストセラー

あのとき始まったことのすべて　中村　航

社会人3年目——中学時代の同級生の彼女との再会が、僕らのせつない恋の始まりだった……『100回泣くこと』『僕の好きな人が、よく眠れますように』の中村航が贈る甘くて切ないラブ・ストーリー。

トリガール！　中村　航

「きっと世界で一番、わたしは飛びたいと願っている」人力飛行機サークルに入部した大学1年生・ゆきなは、パイロットとして鳥人間コンテスト出場をめざす。年に1度のコンテストでゆきなが見る景色とは!?

きりこについて　西　加奈子

きりこは「ぶす」な女の子。小学校の体育館裏で、人の言葉がわかる、とても賢い黒猫をひろった。美しいってどういうこと？　生きるってつらいこと？　きりこがみつけた世の中でいちばん大切なこと。

炎上する君　西　加奈子

私たちは足が炎上している男の噂話ばかりしていた。ある日、銭湯にその男が現れて……動けなくなってしまった私たちに訪れる、小さいけれど大きな変化。奔放な想像力がつむぎだす不穏で愛らしい物語。

短歌ください　穂村　弘

本の情報誌「ダ・ヴィンチ」の投稿企画「短歌ください」に寄せられた短歌から、人気歌人・穂村弘が傑作を選出。鮮やかな講評が短歌それぞれの魅力を一層際立たせる。言葉の不思議に触れる実践的短歌入門書。